安居置业法律小故事

王 紫 编著

中国建筑工业出版社

图书在版编目（CIP）数据

安居置业法律小故事/王紫编著.—北京：中国建筑工业出版社，2010.9
ISBN 978-7-112-12285-1

Ⅰ.①安… Ⅱ.①王… Ⅲ.①房地产—法律—基本知识—中国 Ⅳ.①D922.181

中国版本图书馆 CIP 数据核字（2010）第 141080 号

安居置业法律小故事
王 紫 编著

*

中国建筑工业出版社出版、发行（北京西郊百万庄）
各地新华书店、建筑书店经销
北京千辰公司制版
世界知识印刷厂印刷

*

开本：880×1230 毫米 1/32 印张：9⅝ 字数：275 千字
2010 年 10 月第一版 2010 年 10 月第一次印刷
定价：**20.00** 元
ISBN 978-7-112-12285-1
（19565）

版权所有 翻印必究
如有印装质量问题，可寄本社退换
（邮政编码 100037）

本书是供业主和社会大众了解与"住"相关的法律知识读本。全书通过130余篇真实故事，向读者讲述了与置业安居紧密相连的相关法律法规等知识。包括人们在碰到关于买卖房、租赁房、装修房、交契税、停车位、乘电梯等问题时应该怎么办？在碰到签订合同、居住环境、房屋质量、房子设施、物业纠纷时应该怎么办？本书从普及法律知识的角度尽可能地作了解答和建议。

为便于读者查阅，书后还附有普法文章所涉及的近百部法律法规，以及颁布和实施的时间。

* * *

责任编辑：王　梅　封　毅
责任设计：陈　旭
责任校对：王　颖　赵　颖

作者简介

王紫，毕业于中国人民大学研究生院。曾被选拔为大学生村官，任北京市房山区沿村党支部书记助理，并兼任该区长沟镇党委宣传部干事。这期间陆续在《人民日报》、《光明日报》、《经济日报》等十余家报刊发表各类新闻报道、普法知识文章百余篇。

从2006年初应约在报纸上开辟住房问题与法律法规新闻专栏，撰写相关普及法律知识文章。这些文章从人们最关心的住房问题谈起，讲述与住房有关的真实故事，谈及所涉及的法律法规问题，帮助人们在住房问题上学法、知法、懂法、守法。该专栏受到广大读者好评，并在中国报业协会新闻专栏评选中获得优秀新闻专栏奖。

现任人民政协报记者。

前　言

　　住房制度改革以来，围绕着住房问题，国家或地方政府及有关部门相继制定或颁布了很多法律法规、司法解释、条例办法、规定意见等等，这些与人们的日常生活息息相关。因此，人们在碰到关于买卖房、租赁房、装修房、交契税、停车位、乘电梯等问题时应该怎么办？在碰到签订合同、居住环境、房屋质量、房子设施、物业纠纷时应该怎么办？本书从普及法律知识的角度尽可能地作了解答和建议。

　　笔者近些年来一直关注和研究关于住房的法律问题，并从2006年初应约在报纸上开辟住房问题与法律法规新闻专栏，撰写相关普及法律知识文章。这些文章从人们最关心的住房问题谈起，将与住房有关的真实故事向读者娓娓道来，并谈及所涉及的法律法规问题，帮助人们在住房问题上学法、知法、懂法、守法。该专栏受到广大读者好评，并在中国报业协会新闻专栏评选中获得优秀新闻专栏奖。

　　此次从已经刊登的文章中精选出130余篇有代表性的文章结集成书，并对原文重新作了精心修订。为便于读者查阅，书后还附有普法文章所涉及的近百部法律法规，以及颁布和实施的时间。

目 录

1	购房签确认单交定金	书面协议有法律效力
3	意向书有否法律效力	要看合同条款及约定
5	已住两年仍无房产证	房产开发企业应负责
7	交了定金房子被查封	开发商双倍返还定金
9	购买新房后房子降价	购房者要赔偿难胜诉
11	广告应视为合同内容	误导购房者需要担责
13	通燃气与入住率无关	惯例不应该代替法律
15	开发企业逾期不交房	业主可提出履约赔偿
17	办房贷被要求购寿险	强制搭售属违法行为
19	零赔偿属于霸王条款	是侵权条款应予废除
21	售房以所签合同为主	不应该曲解法律条文
23	所购房屋有较大改变	购房者应该依法维权
25	房屋周边有不利因素	讨说法要看具体情况
27	不可抗力有法律界定	滥用要承担法律责任
29	精装修房过了保修期	开发企业未必能免责
31	房屋过户手续不完备	撤销违规发放房产证
33	签订购房合同宜严谨	防止打赢官司无赔偿
35	小区会所权属应归谁	要看定义和购房合同
37	开发商代收购房契税	不及时上缴涉嫌违法
39	开发商违约业主退房	责任方承担按揭利息
41	签合同是为约束双方	违约金打折岂有此理
43	开发商曾许诺建绿地	后建停车场属于违规
45	会所不达标属于违约	楼盘广告有法律效力
47	开发商盖楼擅自加层	违反规划应受罚赔偿
49	售房者违约一房二卖	依法赔偿遂握手言和

51	开发商封阳台违法否	要看合同是否有约定
53	楼房排序跳层图吉利	如毁约要看是否欺诈
55	房产商安装健身器械	占公共绿地构成侵权
57	购房协议属合同性质	购房者预告登记维权
59	开发商欲卖掉幼儿园	如是要约将担责赔偿
61	开发商雇人殴打业主	雇人打人者都触刑法
63	精装修房屋出现问题	开发商应负责并赔偿
65	签单看房后跳开中介	违规操作者适当担责
67	没有产权证转让房屋	所签之合同未必无效
69	房屋无法办理产权证	不应该上市进行交易
71	瞒报房价为少交契税	属规避法律偷税行为
73	房屋买卖合同解除后	买方替交费用可索回
75	经济适用住房有规定	违规私下买卖属违法
77	儿子瞒着父亲卖房屋	购房合同应该属无效
79	善意变更产权引纠纷	艰难诉讼后房归原主
81	房屋买卖纠纷有隐情	善意取得受法律保护
83	为购房者延办房产证	中介公司违约应赔偿
85	买房未达到法定要件	中介公司有过错担责
87	中介公司恶意抬房价	属非法赚取差额行为
89	中介公司挪用客户款	应予处罚并加强监督
91	确认单不具法律意义	格式条款属无效条款
93	签订合同却不愿交房	家庭矛盾不影响合同
95	协议书不能取代合同	谨防其中不平等条款
97	二手房买后发现瑕疵	寻证据积极依法维权
99	以房作抵押必须登记	流押契约是无效条款
101	小产权房属于无产权	想购买者需慎之又慎
103	购买农民住宅办工厂	其权益不受法律保护
105	住宅中又建房为出租	房中房问题不容忽视
107	住宅养猫繁殖为赚钱	周围邻居有权利说不
109	出租房屋内发生火灾	责任各方应各担其责
111	租房开店反悔想退租	责任方承担违约责任

113	租房合同规定了房租	租期内房主不能涨价
115	房屋出租之后又想卖	承租人有优先购买权
117	承租人将房改装转租	出事故应负主要责任
119	租期内私房产权转移	原签订合同继续有效
121	租房户主动装修房屋	如无约定房东不买单
123	房屋租赁合同履行中	如解除要看合同约定
125	口头协议不应超半年	超期必须订书面合同
127	电梯故障或造成伤害	相关责任人责无旁贷
129	电梯超期服役是违规	定期检测莫麻痹大意
131	电梯停运延误救病人	物业公司负部分责任
133	居民乘电梯刷卡付费	物业出下策应该改正
135	电梯故障停运无人修	属于物业公司不作为
137	业主搬家用电梯交费	物业公司已涉嫌违法
139	电梯噪声大引发诉讼	整改赔偿均有法可依
141	恶人砸汽车胆大妄为	保安视而不见是违规
143	业主汽车在小区丢失	物业应承担一定赔偿
145	小区地下车库被转卖	引发矛盾核心是权属
147	小区停车位是否收费	先确定权属依法管理
149	所有人有权租卖车位	业主强租无法律支持
151	业主停车位突然被占	物权排他性位归原主
153	新房墙壁霉变又脱落	业主可退房要求赔偿
155	买房后验收发现漏水	依法维权问题终解决
157	房漏业主拒交物业费	主张抵消做法不合法
159	窗户从天而降砸坏车	属房屋质量问题获赔
161	暖气漏水殃及楼下户	业主要求赔有法可依
163	楼房下水道堵塞溢污	共同使用人都要担责
165	楼房漏雨不知何所致	依法请检测解疑释惑
167	新房漏水谁承担责任	施工日志起证据作用
169	暖气管爆裂邻居遭殃	确定责任人依法赔偿
171	业主起诉物业遭报复	雇凶伤人属共同犯罪
173	物业公司随意停水电	属于侵权是违法行为

175	物业公司有权告业主	法院五审查化解矛盾
177	业主出游时家中被盗	属保安失职公司担责
179	维修金是住宅养老钱	善保管做到专款专用
181	鼓励节能产品进社区	相关法规应配套完善
183	业主改房屋结构违规	物业公司罚款亦违规
185	业主在小区内被摔伤	物业公司担部分责任
187	在公共健身器上摔伤	所有人管理者应担责
189	外来车在小区内受损	收费凭据是获赔证据
191	交房同时收取物业费	合同如未约定可拒绝
193	物管用房权属归业主	开发商随意处置违规
195	外墙脱落物砸坏汽车	物业公司应担责赔偿
197	小区限高栏砸伤行人	司机与物业共同担责
199	合同是否有效看实质	约束力合同不能解除
201	住宅区广告无孔不入	其收益应归业主共享
203	想在楼顶安置广告牌	应该先征得业主同意
205	业主是否可自换护栏	居住安全比美观重要
207	私将储藏室改造住人	侵害其他业主应复原
209	业主私拆家中暖气管	供暖协议未变仍缴费
211	私改燃气管道属违规	及时复原才是好办法
213	狗伤人邻居反目成仇	犬主担责任依法赔偿
215	城市垃圾要依法管理	居住环境需大家维护
217	封闭自家阳台成被告	未协商格式合同无效
219	业主建花园引人效仿	物业劝无效起诉获胜
221	住户改承重墙成被告	要求其复原合理合法
223	圈树建房属违规行为	人人可批评劝其改正
225	楼上掉下酒瓶砸伤人	无免责理由都将担责
227	消防通道不允许侵占	确保畅通可救急逃生
229	私搭乱建属违法行为	私拆违章建筑亦违法
231	房主盖房擅自加三层	轰然倒塌违建者受罚
233	幼儿园加高遮挡采光	应依法尽快恢复原状
235	小区晨练成噪声污染	用法律维护合法权益

237	夜间照明强光是污染	始作俑者应接受整改
239	采光通风权不容侵害	造成影响应及时整改
241	健身房噪声过大扰民	两居民举证即可立案
243	房屋质量需专业鉴定	赔偿亦包括贬值损失
245	家庭装修应先签合同	出问题才能维护权益
247	家装受污染不可小视	装修前签合同搞检测
249	装修噪声致邻居病亡	应依法承担赔偿责任
251	装修队违反合同施工	应该按合同给予赔偿
253	业主享受的共有产权	不能被他人恶意侵占
255	污水井盖丢失致人残	管理者承担损害责任
257	大树被风刮倒砸伤人	树木管理人承担责任
259	广告牌坠落砸伤路人	所有者承担赔偿责任
261	装修房屋易造成污染	以人为本理念莫忽视
263	未结婚发生房产纠纷	否定赠与行为需证据
265	妻子卖房未告知丈夫	有效合同受法律保护
267	口头约定不代表合同	买楼房不表示送露台
269	购房与入学是两码事	不属要约法律不支持
271	离婚时凸显房屋权属	难点问题需具体分析
273	无产权证之自建房屋	如果租用应付使用费
275	业主应该缴纳物业费	催缴前应先书面通知
277	本书参考的部分法律法规	

购房签确认单交定金
书面协议有法律效力

家住北京市海淀区的崔先生夫妇2009年初选中了位于昌平区的一套别墅，虽然当时还没有开盘，但是他们还是决定要买下这套房子。看房后不久，崔先生就与房地产开发企业签订了关于房屋买卖的《项目成交确认单》，并写明该房屋具体门牌号等相关情况，同时交给开发企业4万元作为定金。开发企业的售楼员在收取定金后说，最终房价应在6000～7000元之间。当崔先生询问开盘后是否会涨价时，开发企业的人许诺，每平方米最多不会涨过7500元。

正当崔先生夫妇梦想着早日搬进大别墅开始新生活时，售楼人员突然打来电话，通知他们9月8日开盘，并说可以签订正式的《房屋买卖合同》。崔先生夫妇赶紧来到售楼处，却得知每平方米已经飙升至9500元的价格，他们感到如同当头泼下了一盆冷水。

情急之下，崔先生赶紧找出那张年初签的《项目成交确认单》，他在房价一栏里看到，售楼人员写得清清楚楚是每平方米6000～7000元，但是并未约定双方违约后应负的法律责任。如果是售楼人员故意这么漏写的话，那就太没有诚信了。随后崔先生找到该楼盘的售楼中心负责人。对方表示，当时签订《项目成交确认单》时，虽然已经取得了《商品房预售许可证》，但这个楼盘还没有开盘销售，因此这每平方米6000～7000元的报价只是售楼人员的个人行为，责任应由售楼人员自己承担，跟房地产开发企业没有任何关系。

从法律上说，这位售楼中心负责人所说的话是不负责任的，也没有法律依据。当取得《商品房预售许可证》之后，房地产开发企业所雇售楼人员与崔先生签订的《项目成交确认单》，虽然不是严格意义上的房屋买卖合同，但因其已经具备合同成立的基本要件，所以对于崔先生与这家房地产开发企业而言，仍然是具有法律效力的合同或约定。尤其是崔先生已经交付4万元作为定金，这笔定金具有债权的担保性质。根据《中华人民共和国合同法》第115条的规定："当事人可以依照《中华人民共和国担保法》约定一方向对方给付定金作为债权的担保。债务人履行债务后，定金应当抵作价款或收回。给付定金的一方不履行约定的债务的，无权要求返还定金；收受定金的一方不履行约定的债务，应当双倍返还定金。"由此可见，定金有严格的设立条件。收受定金的一方不履行约定的债务的，应当双倍返还定金。如果把定金写成订金、押金、保证金等，且在合同中又没有约定定金性质，当事人主张定金权利，法律是不予保护的。以此作为依据，本案中如果房地产开发企业不按照每平方米7000元以下价格售房给崔先生，就要承担双倍返还定金的责任。

此案提醒购房者在购买房子的时候，特别是购买期房时，首先要看开发商是否取得了《商品房预售许可证》，其次，一定要和房地产开发企业签订书面协议或合同，并应当详细注明所购买房屋的具体位置、门牌号、面积、结构和价格，还应该交付定金或注明如果双方违约应该承担的法律责任。这样，一旦双方发生纠纷就会有据可查，有法可依。

意向书有否法律效力
要看合同条款及约定

吕女士在某房地产开发商处预定了一套商品房,在该楼盘尚未取得商品房预售许可证的情况下,开发商便要求吕女士预缴3万元定金。吕女士如数缴纳定金后,双方签订了《房屋认购意向书》,上面标明吕女士所购的房屋为3号楼9层某1号户型。然而,该《房屋认购意向书》仅有一份且保存在开发商处,开发商说吕女士不用留复印件。

转眼半年过去,该房屋依旧未取得预售许可证。吕女士找到开发商询问,却发现自己与之签订的《房屋认购意向书》里其所购3号楼9层的房屋被改为3号楼3层,虽然是同一栋楼,户型也一样,但吕女士认为由于楼层偏低,采光度会受影响,便对此提出异议。开发商称,签订《房屋认购意向书》时已经将9层改成了3层,且是经过双方认可的。对此,吕女士认为,如果改动,应该在改动的地方按上手印,否则,既没有购房者手印也没有开发商的印章,就此可以判定是开发商擅自改动的。

在商品房的买卖过程中,人们经常遇到由于签订《房屋认购意向书》或相似内容的协议,到产生纠纷时,买卖双方中的一方对这种协议的法律效力便产生质疑。对这种《意向书》具有何种法律效力,我们应该从两个方面来看:

第一,从《房屋认购意向书》的本意看,签订这份《意向书》是为了今后履行一定行为的约定。按照合同的特征看,这份《意向书》应该属于预约合同。预约合同就是指当事人双方就将来订立正式合同之前而签订的文字约定,将来订立的合同称为"本约",而现在签订的约定叫做"预约",两者之间具有不同的性质和法律效力。那么对这份《意向书》的违约应该如何解决呢?就本案而言，应该在《意向书》内容范围内承担责任，而不是承担"本约"的违约责任。因此，《房屋认购意向书》的效力也是如此。如《房屋认购意向书》对所购房屋只有一个大概的意向，而没有具体的标准，也没有预付款等，这样的《房屋认购意向书》只是一种"意向"，双方当事人对《房屋认购意向书》的违反应该在其内容范围内承担责任。

第二，如果名为《房屋认购意向书》，而实质是购买合同，或相当于购房合同。合同条款约定的非常明确，如对房屋的位置、户型、面积、价款、物业等都有了明确的约定，应该按合同处理。如在本案中，吕女士缴纳了定金，而且在合同中规定了是哪栋楼以及哪一层的户型。这样的《意向书》应视为《房屋买卖合同》。

可是，从法律的角度讲，吕女士与房地产开发商签订的这份《房屋认购意向书》属于无效合同。因为根据最高人民法院《关于审理商品房买卖合同纠纷案件适用法律若干问题的解释》第二条之规定，出卖人未取得商品房预售许可证明，与买受人订立的商品房预售合同，应当认定无效，但是在起诉前取得商品房预售许可证明的，可以认定有效。本案中，吕女士认购的房屋至今未取得预售许可证，因此双方签订的《房屋认购意向书》属于无效。所以，吕女士应该要求开发商返还定金，或者等该楼盘可以预售时，再与开发商签订正式的房屋买卖合同。

至于能否加倍返还定金，因为《房屋认购意向书》的合同性质已经属于无效，吕女士要求加倍返还定金的主张也无法获得法律支持。

已住两年仍无房产证
房产开发企业应负责

现在人们在购买商品房时首先都要看房地产开发企业"五证"是否齐全,接着在签订《购房合同》的时候,更要仔细研究合同的各项条款,入住之时还要注意查看政府有关部门验收时出具的各项手续或证明。按理说,这样业主们就可以顺利拿到自己的房产证了。可是,家住北京丰台区某小区的郭先生等几十户业主虽然看过了这些材料,履行了相关手续,但入住两年依然没有拿到自家的房产证。当初他们与开发企业签订的《购房合同》中写道:入住180天内办理房产证。业主们入住时间已经超过约定期限,开发企业还不给办理房产证,郭先生等数十户业主应怎么维护自己的合法权益呢?

虽然在业主与开发企业签订的《购房合同》中有"如果因为出卖人的责任,买受人不能在规定时间取得房地产权属证书的,出卖人按已付房价款的1%向买受人支付违约金"的条款。但是,开发企业在业主们入住后与其新签署的《违约金赔付合同补充协议》中第4条写道,如果业主们愿意接受开发企业赔付的1%违约金,就代表同意不会再因为房产证办理违约的事情向开发企业主张任何权利。这就意味着,如果业主们拿了几千元的违约金,就不能再通过法律途径起诉开发企业关于延迟办理房产证的违约责任。这一条款显然是违法的。按照《中华人民共和国合同法》的相关规定,由于开发企业的原因,致使业主的房产证无法办理,业主可以向法院请求解除与开发企业之间的《购房合同》,将房屋退还给开发企业,同时开发企业还应将购房款退还给业主,且业主还可以要求开发企业赔偿因不能办理产权证给自己造成的损失。

房地产商不能在规定期限内给业主办理房屋产权证书是目前

不少楼盘存在的通病。国务院常务会议通过的《城市房地产开发经营管理条例》中第32条对这种情况有明确规定："预售商品房的购买人应当自商品房交付使用之日起90日内,办理土地使用权变更和房屋所有权登记手续;现售商品房的购买人应当自销售合同签订之日起90日内,办理土地使用权变更和房屋所有权登记手续。房地产开发企业应当协助商品房购买人办理土地使用权变更和房屋所有权登记手续,并提供必要的证明文件。"购房者完全可以依据此条款要求开发企业协助尽快办理房产证。

据悉,上述开发企业延迟办理房产证的真实原因是:小区附近有一片待征地,按照规划应该为本小区所属的绿地,但是因为种种原因至今还没有完成拆迁。根据《北京市建设工程规划监督若干规定》第8条之规定:"居住区(含小区、居住组团)的配套设施和环境建设应当与住宅建设同步完成。未能同步完成的,对相应的住宅建筑不予进行规划验收。"既然这个住宅区的配套设施——绿地还没有完成,那它是怎么通过规划验收的?而且,业主当初入住的时候根本不会去周边检查配套设施,购房者买房子是用来居住的,这些检查外部设施的事情怎么也不应该由购房者来做。

购房者没有房产证就不能对应该属于自己的房屋进行买卖,也就不能抵押。因为没有房产证,就不能办理户口迁入,适龄儿童也无法在附近上学。这一系列的损失是不能由业主来承担的,开发企业应该承担全部法律责任,并给业主适当的经济赔偿。但开发企业一般不会主动提出给予赔偿,即使提出给予赔偿也往往带有不合理的附加条件。这种情况下,业主们只有勇敢地拿起法律武器,即使接受调解,也应当依据法律法规和相关司法解释维护自己的合法权益。

交了定金房子被查封
开发商双倍返还定金

家在北京的彭女士与某房地产开发企业签订了《商品房认购书》，并付了 5 万元定金。双方还约定，从《商品房认购书》签订后次日起 7 日内签订《商品房预售合同》。谁知签订《认购书》后，房地产开发企业就撒手不管了，始终未通知彭女士签订《商品房预售合同》。半年多过去了，房地产开发企业才向彭女士发出通知，称其要购买的房屋已被法院查封，无法与她签订《商品房预售合同》，同意返还彭女士已交的定金，建议与她解除《商品房认购书》。

此时，彭女士诉至法院，要求继续履行《商品房认购书》所规定的合同内容，待条件成熟时双方签订《商品房预售合同》；如果无法继续履行《商品房认购书》，则要求解除该认购书，开发企业双倍返还她定金 10 万元、赔偿因房屋升值给她造成的经济损失 70 余万元。

本案中，按照《商品房认购书》中规定，彭女士与开发企业应于签约后 7 日内签订商品房预售合同。但因房屋被法院查封，致使双方不能实现合同目的，并且开发企业向彭女士发出了解除认购书的通知，据此应认定《商品房认购书》合同已解除。因此彭女士要求继续履行《认购书》、待条件成熟时双方签订商品房预售合同的请求，明显不会得到法院的支持。因为违约定金实际就是履约定金，即以担保合同的履行而支付的一定数额的金钱。

根据《中华人民共和国担保法》第 89 条之规定，当事人可以约定一方向对方给付定金作为债务的担保。债务人履行债务后，定金应抵作价款或者收回。给付定金的一方不履行约定的债务的，无权要求返还定金；收受定金的一方不履行约定的债务的，应双倍返还定金。

法院经审理，判决开发企业双倍返还彭女士定金10万元，驳回了彭女士其他诉讼请求。

彭女士基于这套房屋已经升值，她要求这家房地产开发企业赔偿自己的经济损失，考虑到彭女士与开发企业虽在《商品房认购书》中约定了认购房屋的单价及面积等，但双方未就房屋交付时间、房价款支付时间、违约责任等内容作出约定，所以此《认购书》不能等同于商品房预售合同。

购房者如何避免购买开发企业未涂销的抵押商品房和被法院查封房，目前有两个途径：一是向当地房管局和当地房地产交易中心查询有关楼盘确权情况；二是直接向开发企业咨询楼盘抵押情况，并查阅由当地房管部门核发的《商品房预售许可证》正本。此外，广大购房者在买房前对开发企业的资质和诚信度也应调查一番，如发现开发企业故意隐瞒事实，销售已查封的房屋，还因此办理不了房产证等明显欺诈行为，应按照有关法律规定向有关部门举报或投诉。

购买新房后房子降价
购房者要赔偿难胜诉

家住北京市东城区的陈先生以每平方米 2 万多元的价格购得一套近 90 平方米的房子。10 天后,他们正在对新房装修时,得知该楼盘房价每平方米普降近 2000 元,自己所购房屋顿时贬值十几万元。陈先生在多次找开发企业协商要求赔偿被拒后,将开发企业告上法院,要求对方变更合同条款,调整房屋售价及贷款金额,让自己能够享受与后购房者相同的价格待遇。

为了证明开发企业在交易过程中存在欺诈,陈先生提供了售楼小姐承诺房屋不会降价的录音。对此,开发企业代理人称,售楼小姐对于公司即将作出的降价策略不知情,因此不构成隐瞒或欺诈。同时,售楼小姐个人对房屋价格的预测,不能代表公司,是个人行为。此外,房屋是商品,涨价和降价都是正常的市场行为,都存在风险,业主应有所预见并承担这一风险。

依据我国《合同法》的相关规定,某一方是否构成欺诈的关键要先看双方所签订合同,其中一方当事人是否故意隐瞒与订立合同有关的重要事实或者提供虚假情况。

在本案中,从陈先生提供的录音内容来看,当询问该房屋将来是否会降价时,销售小姐杨某确实说过不会降价。但该内容涉及的是对未来预测,并不是对合同具体条款的商榷,且未写入合同中。由于销售小姐不是房地产开发企业的决策人员,因此她对房价的预测不能代表开发企业。同时,录音中,销售小姐反复表示,自己就是一名小小的业务员,也没有那么高的远见,她对向购房者说过的话表示懊悔,反复说明自己的话只是个人的一种预测,当时并不知道房价将来会降。法官在审理中认为,售楼小姐对购房者说的话,不属于故意隐瞒或者告知虚假情况,因此其行为不构成欺诈。

　　此前也曾有媒体报道过,有的购房者因为所购房屋价格缩水,向开发企业抗议要求退房或索求高额补偿,但是都很难胜诉。因为房价都已经在双方所签合同中约定好了。可以假设,如果出现房价下降购房者便要求退房,那如果是价格上涨了,开发企业是不是也可以要求购房者补差价呢?答案肯定是否定的。

　　最高人民法院出台的《关于审理商品房买卖合同纠纷案件适用法律若干问题的解释》中明确规定,作为业主一方买受人行使法定合同解除权的情形,只有在开发企业的房屋交付时间、房屋质量、面积误差、规划设计、权利瑕疵、虚假承诺、延迟办证等方面存在违约行为时,业主方可提出退房或降价补偿;反之,则购房者提出的退房或降价等要求不会得到法院支持。

广告应视为合同内容
误导购房者需要担责

楼盘的热销使得房地产的广告词层出不穷，例如"买一楼送小花园"，"买顶层送阁楼"等。其中一条关于"买顶层送阁楼"的广告词让湖北省的江先生很心动，毫不犹豫地将一处顶层（五楼）房子买了下来并进行了装修。半年后，房产证下来，江先生却感觉事情有些不对，因为房产证上面只提到了"五楼"，并没有提到楼上的"阁楼"。然而五层和阁楼上下两层共200多平方米的大房子怎么只有五楼这一层有产权，楼上这层阁楼的产权为什么不写在产权证上呢？

归其原因都出自这"买五楼送阁楼"广告词中。江先生找到了开发企业。开发企业负责人解释说，第一，阁楼是独立的防晒和隔热层，每一户买了五楼以后，因为隔热层的格局只能由一家单独使用。第二，江先生这幢楼总共应该是五层，广告中的所谓"阁楼"其实就是这幢楼房的一个隔热层，并不在正式规划之内的楼层，因此是办不了产权证的。

由此可见，开发企业明知所谓的"六楼"——即阁楼办不了产权，还在广告中承诺"买五楼送阁楼"、"花一个平方米的钱买两个平方米的住宅"，连产权都没有的住宅怎么能算是送的住宅呢？开发企业负责人却说，广告词中"买五楼送阁楼"，送的不是产权而是使用权。

单从这句广告词"买顶层送阁楼"来看，并不是"买顶层送阁楼使用权"。由此可以认定，原广告词说的就是送所有权，在建筑规划当中，按照建筑上的要求，阁楼取得不了所有权，只能是使用权。

开发企业负责人说，"买五楼送阁楼"仅仅是一个广告宣传，江先生在买房时和他们签订了正式的《商品房买卖合同》，原来的广告就不算数了，打官司就得依据正式签订的《商品房买卖合同》来打。而在购房合同里江先生只约定了购买"五楼"，并没有提到"送阁楼"的事，所以按这份购房合同来说开发企业是没有过错的。

最高人民法院针对这类问题曾专门出台《关于审理商品房买卖合同纠纷案件的解释》，其中第3条明确规定，商品房销售广告和宣传资料中的内容，如果对商品房买卖合同的订立以及房屋价格的确定有重大影响的，应当视为要约。该说明和允诺即使没有载入商品房买卖合同，也应当视为合同内容，当事人违反的，应当承担违约责任。

江先生说，如果不是开发企业搞这个促销活动，并有宣传广告中的承诺，他是不可能买这个房子的，并且他所购买的"五楼"的价格要比不送阁楼的四层以下楼房每平方米贵8000多元，相当于多付60%的购房款。因此，这则广告应该视为《商品房买卖合同》内容的一部分。

由此说明，开发企业的广告词与后来发生的事实严重不符。"买顶层赠阁楼"，这种赠送的部分应当是所有权。但是开发企业对这个所有权办不了产权登记，那就是广告词存在误导和重大瑕疵，作为购房者来讲，对于这一点，可以先与开发商协商，如果协商不成，可以向当地人民法院提起诉讼，主张合理合法的要求。

如今买一套房子对于任何家庭来说，都是一笔很大的消费，所以当人们准备买房时应看清广告词中赠送的是使用权还是所有权。作为房地产开发企业来说，在销售过程中必须实事求是地发布自己的产品广告，并对这种广告承担法律责任，要把所有可能出现的权利、义务、责任以及所有的法律关系都向购房者描述清楚，以免发生一些不必要的麻烦而影响到购房者的合法权益。

通燃气与入住率无关
惯例不应该代替法律

家住北京顺义区某小区的业主朱女士入住新房半年多,一直没用上管道燃气。小区已经铺设好的燃气管道不送燃气,业主们起火做饭就成了大问题,物业公司工作人员建议业主可以买煤气罐先"凑合"着生活。朱女士觉得当初买房时与开发企业签订的《住房销售合同》中,对于上下水、电、暖气、燃气等的使用时间都有着明确的规定。值得注意的是,有关燃气一项中特别写着,小区需要达到70%的入住率即开通燃气。

已入住业主都希望入住率尽快达到70%,这样就可以用上管道燃气了。可是由于小区燃气管道不开通,未搬入的业主想等到开通燃气后再入住,这样一来就形成了恶性循环,通燃气的时间就更加遥遥无期。原来有些准备入住的业主都暂时不搬家了,开始观望。小区的入住率在短时期内很难达到通气的入住率底线。

新建成小区何时开通燃气竟与入住率挂钩,这个通常被开发企业一直使用的惯例,被众多业主默默地接受。尽管不是"心甘情愿"也没有办法。据了解,燃气部门在多年前确实提出过:"小区入住率必须达到70%才通气"。据了解,这一"惯例"是在大量商品房小区开建之初,燃气部门出于安全考虑而在内部把握的一个约定。随着燃气集团在几年前组建,原来就不具有法律效力的这个内部约定,现在已无据可查,而且早就不执行了。但对某些新建小区来说,虽然小区内的燃气管道在房子验收时就已建设好了,但是却不与外部的燃气气源接通。出于种种原因,这条惯例的始作俑者都已不再提起,却依然被不少开发企业沿用着,有些开发企业还写进《住房销售合同》。也就是说"小区入住率必须达到70%才通气"是开发企业对付业主的一个"振振有词"的借口，这就像是京城楼市中的一条"潜规则"继续影响和干扰着人们的正常生活。其实，为新住宅小区接通燃气并不是一件很复杂或者很危险的事情。据燃气集团负责人讲，只要物业公司能保证所有住户内的管线安全不漏气，再和燃气部门签署一份安全协议，燃气集团便可以给小区通燃气，即使小区内只入住了很少住户。

这个"惯例"侵害了已入住业主使用燃气的权利，在处理这种事情的时候，我们应当首先遵循法律法规。如果没有相关的法律法规，就应按照政策规定来办。如果没有相关的政策规定，就要按照合同来办。合同的拟定，应该按照以人为本的理念和相互平等的原则来处理。我们要建设和谐社区，入住的人们安居乐业是基础。当业主们在写着"入住率达到70%"的合同上签字时，不平等就已经发生了。因为惯例并不是法律，根本不具有法律效力，仅仅作为开发企业用于搪塞业主的借口，是站不住脚的。

《中华人民共和国民法通则》第83条明确规定："不动产的相邻各方，应当按照有利生产、方便生活、团结互助、公平合理的精神，正确处理截水、排水、通行、通风、采光等方面的相邻关系，给相邻方造成妨碍或者损失的，应当停止侵害，排除障碍，赔偿损失。"影响接通燃气管道的"惯例"，已经干扰了人们的正常生活，对广大业主造成了侵害。应该尽早破除，才能停止继续侵害。

有关部门修订新的《住房销售合同》时，应该依据国家的法律法规，删除不适应或者阻碍社会经济发展的旧"惯例"，提供规范的、统一的、合情合理而又公平公正的标准合同，并以此约束开发企业和广大业主的行为。

开发企业逾期不交房
业主可提出履约赔偿

日前,在北京宣武区某小区购买房产的司马女士因为开发企业逾期不交房,便催促开发企业如期交房,可万万没想到开发企业竟然提出与司马女士解除双方于一年前签订的《商品房买卖合同》,要求她退房。无奈之下,司马女士将对方告上法院,在起诉书中要求开发企业继续执行双方所签购房合同,履行交房义务,并支付逾期交房的违约金。

在法庭上,房地产开发企业法律顾问给出的解释是,由于买卖双方在《商品房买卖合同》上存在严重分歧,不得已才要求解除该购房合同。而司马女士却质疑开发企业的行为是否有法律依据,因为司马女士并没有提出退房,只是询问开发企业为何逾期不交房,难道这就是开发企业要求自己退房的理由吗?因为开发企业逾期不交房,才导致纠纷。现在开发企业却因为有的业主敢于出面维护自己合法权益便要求其退房,这种行为合理合法吗?

其实,不管业主是否对自己的利益进行维权,都不是开发企业单方面提出要求对方退房的理由。开发企业利用自己的强势地位单方面解除合同让业主退房,则应根据该合同约定与相关法律规定承担相应的法律责任。

如果当初开发企业和司马女士签订的《商品房买卖合同》中没有对其中一方解除合同的行为进行约定,那么就应按照《中华人民共和国合同法》第107条之规定:当事人一方不履行合同义务或者履行合同义务不符合约定的,应当承担继续履行,采取补救措施或赔偿损失等违约的责任。此案中,因开发企业单方面解除合同给司马女士造成了损失,应当由开发企业承担责任,包括律师费、交通费、误工费等。如果因为开发企业违约在先,给业主造成了损失，不仅要退还购房款给业主，还应当按照现在的市场价补偿业主房子增值的正当获利。

"退房"本来应该是业主对开发企业感到不满而作出的严厉制裁，但是现在却成为购房者维权的一大尴尬。按期交房是开发企业应该做到的最基本义务，理应在签订《商品房买卖合同》中明文规定，如果开发企业没有如期交房，就是违约，业主们就有权提出要求维护自己的合法权益。

北京市从 2006 年 1 月开始正式推行使用《北京市商品房现房买卖合同》示范文本，让现房交易有据可依。该《合同》中明确约定五种情况下买受人可以退房：（一）商品房保修范围和保修期限内发生质量问题，双方有退房约定的，按照约定处理。（二）商品房室内空气质量经检测不符合国家标准的，买受人有权退房。（三）商品房已抵押但没书面告知买受人，买受人可要求退房。（四）逾期交房，买受人可要求退房。（五）买受人未能在约定事件内取得房屋所有权证书，如因出卖人的责任，买受人有权退房。

办房贷被要求购寿险
强制搭售属违法行为

南昌市的施先生最近看中了一套商品房,因手中钱不够,他到当地的一家银行办理房屋抵押贷款业务。银行的工作人员告诉他,要他在购买人寿保险以后才可以办理抵押贷款手续。而他是因为缺乏资金才来银行办理房屋抵押贷款的,并没有多余的钱买人寿保险,再说,他现在也不想买人寿保险。这家银行将人寿保险与个人贷款捆绑在一起销售的行为,让施先生很是不解。这种行为是否合理合法呢?

银行强制让办理抵押贷款的人必须先购买人寿保险的行为,有悖于《中华人民共和国合同法》的自愿原则。根据该法的相关规定,当事人订立合同应当遵循的是平等原则、自愿原则、公平原则、诚实信用原则;遵守法律,不得损害社会公共利益的原则。

平等原则与自愿原则都是订立合同的基本原则,我国《合同法》第3条规定:合同当事人的法律地位平等,一方不得将自己的意志强加给另一方。平等原则是指在法律上合同当事人是平等主体,没有高低、从属,更不存在命令者与被命令者、管理者与被管理者之分。这意味着不论到银行办理贷款人的经济实力强弱,他的地位和其他人是平等的。

由此可见,这家银行在为客户办理房贷时先要求对方购买寿险的行为是一种违法的捆绑销售行为,侵害了消费者——贷款人的合法权益。根据我国《消费者权益保护法》第9条之规定:消费者享有自主选择商品或者服务的权利。消费者有权自主选择提供商品或者服务的经营者,自主选择商品品种或者服务方式,自主决定购买或者不购买任何一种商品、接受或者不接受任何一项服务。消费者在自主选择商品或者服务时,有权进行比较、鉴别和挑选。另外，在《反不正当竞争法》第 12 条中规定：经营者销售商品，不得违背购买者的意愿搭售商品或者附加其他不合理的条件。银行利用其自行拟定的合同，强迫要求办理住房贷款的顾客购买捆绑销售的人寿保险，就属于强制搭售和附加不合理条件的违法行为，涉嫌不正当竞争。这些少数银行机构盲目地追求扩张业务规模，进行不规范、不正当、不守法的竞争，不仅扰乱了正常的金融秩序，而且给顾客经济上造成负担，必须依法改正。

贷款者施先生可以依据国家的法律法规与银行据理力争，主张自己的权利。如果这家银行继续顽固坚持办理住房贷款时一定要先购买人寿保险，施先生在掌握证据之后，可据此向当地人民法院提起诉讼，诉讼请求是会得到法院支持的。

零赔偿属于霸王条款
是侵权条款应予废除

在如今的商品房销售过程中，经常会有一些不法开发企业利用自己的强势地位，把事先拟定好的有利于体现自己利益且不许更改的"条款"塞进《商品房买卖合同》中，再与处于相对弱势的购房者（消费者）签订，人们称这种条款为"霸王条款"。尽管在房屋买卖交易环节上，不乏振臂高呼的"英雄维权者"，但据业内人士介绍，仍有绝大多数消费者采取忍气吞声的态度对待开发企业的"霸王条款"。

北京市顺义区购买房产的李先生同房地产开发企业签订了《商品房买卖合同》，其中第22条写道：甲方（房地产开发企业）交付该房屋后，如有其他工程质量问题的，乙方（买受人）在保修期内有权要求甲方除免费修复外，并按照修复费的0倍给予补偿。房地产开发企业居然明目张胆的写"0"倍赔偿，其目的就是要规避法律，以免除自己应负的责任。一套别墅价值数百万元，因为工程质量导致消费者权益受到侵害，房地产开发企业只承担修复责任，不承担赔偿责任，这于法于理都说不过去。对于这些规定，李先生也曾向这家开发企业提出异议，但开发企业却表示：要想买就签合同，如不签合同就将这套房子卖给别人，因为有很多人想买还买不到呢。

在商品房买卖当中，上述情况绝非个别现象，几乎所有的《商品房买卖合同》都是由房地产开发企业提前拟定好的。原本应该是买卖双方协商的条款却变成了开发企业单方拟定，消费者只能被迫签字交钱。比如消费者违约或开发企业违约该如何赔偿，何时办好房产证，延期交房如何赔偿等方面的规定全由房地产开发企业说了算。

房地产开发企业这样做的目的无非是想减少或免除自己应负的法律责任,加重消费者的购买风险。对于任何一个消费者而言,谁都不愿意签署这样的"霸王条款"。但是不签就可能买不到已经选择好的房子。

对于以上这类事情,首先应该认清房地产开发企业设立的"霸王条款"是违法条款,其违反了我国《合同法》第5条:当事人应当遵循公平原则确定各方的权利和义务。本条又称之为公平正义原则和合同正义原则,是指当事人应根据社会公认的公平观念进行民事活动,设定民事权利和义务。此条款源于《民法通则》第4条:民事活动应当遵循公平原则。

在《合同法》第6条也有相关规定:当事人行使权利、履行义务应当遵循诚实信用原则。本条主要是指当事人在订立、履行合同的过程中,应当抱着真诚的善意,相互协商、密切配合、言行一致、表里如一,说到做到,正确、适当地行使合同规定的权利,全面履行合同规定的各项义务,不得弄虚作假、尔虞我诈,不做损害对方和国家、集体、第三人以及社会公共利益的事情。其范围不仅包含合同当事人,还包含合同当事人之外的其他人,而公平原则的管辖范围只是合同当事人之间的权利义务。

我们应该依据《消费者权益保护法》中的"平等公平诚实信用"原则以及《合同法》的相关法规行事,签订合同中的所有条款都应经双方当事人共同协商,任何一方不得滥用自己权力和优势,强迫对方接受不合理内容。如果购房者在签订购房合同时,发现开发企业将其的意志强加于自己,就应该请求变更或撤销合同。如果房地产开发企业拒绝购房者的要求,购房者有权向当地人民法院提起诉讼,依法主张自己的合法权益。

售房以所签合同为主
不应该曲解法律条文

2008年底,家住北京市西城区的袁先生从宣武区一位许女士处购买了一套尚未建成的"二手房",并支付了全部房款。在购买后的半年时间里房子建成并入住,袁先生多次找许女士要求办理房产证,可许女士发现当初卖出的房子已经涨价很多,她又想反悔,因此有意回避袁先生。无奈之下,袁先生一纸诉状把许女士告上法庭,请求法院判决许女士按照当初与自己签订的《房屋买卖合同》履行其"协助房屋过户"的义务,使自己得到应有的房产证。

这件看似简单的房产过户手续纠纷,其实并不那么简单。许女士的观点与袁先生有很大的分歧,她认为法院应判定自己和袁先生签订的《房屋买卖合同》无效,理由是当初自己与袁先生签订买卖协议时,房子并没有建成,应该根据《中华人民共和国城市房地产管理法》第37条之规定:"没有取得房屋所有权的房屋不得转让。"她因此认为,当初与袁先生所签合同无效。《中华人民共和国合同法》第58条对合同无效或被撤销有专门规定:"合同无效或者被撤销后,因该合同取得的财产,应当予以返还;不能返还或者没有必要返还的,应当折价补偿。有过错的一方应当赔偿对方因此所受到的损失,双方都有过错的,应当各自承担相应的责任。"

袁先生不同意许女士讲的理由,他认为自己和许女士签订的协议中明确了许女士的义务,即由其去办理产权证并过户给自己。在这起纠纷中,自己在支付完房款后就代表已经履行完应该承担的全部义务。对于许女士来说,应该尽到合同中规定的两个义务,一个是许女士要取得房产证,另一个就是在她取得房产证后再把房屋过户给袁先生。如果按照许女士所说，她和袁先生签订的《房屋买卖合同》是因为房屋没有建成而无效，就是曲解了法律条文和合同条款的内容，是不正确的。

最终，法院经审理后判定，袁先生和许女士两人所签订的《房屋买卖合同》有效；许女士在判决生效后必须继续履行双方所签订的《房屋买卖合同》中规定的相应义务，即办理房产证并将房屋过户到袁先生名下。如果许女士不想继续履行这个合同，则其属于"有过错的一方"，应该承担合同失效的全部责任，赔偿对方因此受到的所有损失。

所购房屋有较大改变
购房者应该依法维权

两年前，江小姐向一家房地产开发商预购了一套商品房，当初他们在签订的《房屋认购书》上写明了这套房屋在该楼的第16层，以及面积及每平方米单价，并附有户型图。同时，为了能够尽快拿到房屋，江小姐听取了这家房地产开发商的意见，缴纳了全部房款。但由于当时该开发商并没有取得《房屋预售许可证》，因此双方一直没有签订正式的《商品房预售合同》。

此后半年里，开发商几次改变小区住宅楼的户型面积和朝向设计，最终导致原小区的整体规划有了较大改变，其中包括小区房屋的整体面积及楼层和朝向。随后，该小区开发商以小区设计已发生变更为由，提出给江小姐另外一套房屋，其中不仅房屋面积比江小姐当初预定的那套房的面积要小很多，并且楼层已变为楼房的第六层，低了10层，房屋朝向已由原来的朝南改为朝西。对于江小姐当初多缴纳的房款，开发商提出按照两年前的房价返还给江小姐。但江小姐拒绝了开发商的做法和提议，因为随着这两年房价逐步升高，当地的房价涨幅较大，江小姐对此很苦恼，明明当初与开发商约定好的事情，对方竟违约，自己该如何维权呢？

对此，江小姐应该依据最高人民法院《关于审理商品房买卖合同纠纷案件适用法律若干问题的解释》第2条规定主张自己的合法权益。该条解释明确规定，出卖人未取得商品房预售许可证明，与买受人订立的商品房预售合同，应当认定无效，但是在起诉前取得商品房预售许可证明的，可以认定有效。

也就是说，本案中，如果江小姐在起诉开发商时，开发商已经获得商品房预售许可证，则开发商应继续履行与江小姐的合同约定；否则视为开发商违约，应赔偿江小姐相应损失。如果江小姐在起诉开发商时，开发商仍未获得商品房预售许可证，则江小姐与开发商签订的前期协议无效。这种情况属于开发商采用先签《房屋认购书》的形式使购房者先交足购房款，是企图规避法律的错误行为。开发商在明知此举违规的情况下仍任意为之，应该对当初与江小姐签订的合同无效承担主要责任。

　　同时，根据最高人民法院《关于审理商品房买卖合同纠纷案件适用法律若干问题的解释》第25条之规定："商品房买卖合同被确认无效或者被撤销、解除后，商品房担保贷款合同也被解除的，出卖人应当将收受的购房贷款和购房款的本金及利息分别返还担保权人和买受人。"根据这条司法解释，江小姐可以要求房地产开发商返还自己当初交的购房款，并有权要求对方支付这笔购房款的相应利息作为赔偿。

房屋周边有不利因素
讨说法要看具体情况

杭州的杨先生拿出了多年积蓄终于凑齐了买房子的首付款,可在签订了购房合同后才知道这套房子所处小区附近将建设一座垃圾处理站,这令杨先生一脸懊丧:"我当初买房时,售楼人员并没有跟我说过这小区的旁边以后会建设垃圾场啊。"无奈合同已经签订,杨先生没有别的办法,便准备用法律手段为自己"讨个说法"。

近年来,业主由于事先不知道楼盘周边潜在的不利因素而与房地产开发商产生纠纷的事件层出不穷。何为楼盘周边不利因素呢?主要是指:楼盘规划建设范围以外,对房屋买受人的利益有负面影响的客观存在,比如铁路、高架桥、变电站、垃圾处理场等,或即将建设的这类设施。通常情况下,这些不利因素有时是在小区之外或是在住宅小区区域规划之中,有些则是在大的区域规划之中,但还未实施。这虽然不足以影响人们改变居住目的的实现,也不至于对人身安全产生重大危害,但可能会使这里的房子价值贬值,会对居住环境和居住者的生理和心理产生一定的负面作用。为业主提供一个舒适的居住环境本是房地产开发企业获取购房者信任的要素之一,但在购房者维权事件中,普遍存在开发企业对楼盘周边已经出现或即将出现的不利因素有所隐瞒的情况。

房地产开发企业之所以如此,主要是出于对自己楼盘销售业绩的考虑。相当一部分开发企业并不会告知购房者住宅小区周边的不利因素,他们的理由是:我们并没有把周边不利因素告知购房者的义务,只是做到将本住宅小区内的各种有利及不利因素如实告诉购房者,而区域外的一些因素并不在购房合同约定条款内,因此不属于合同责任。对于这点，开发商的理由是站不住脚的。根据我国《合同法》相关规定，在买卖关系中，产品的重要信息是指那些能影响成交价格和成交决定的信息。

根据《合同法》第42条第2款之规定，当事人在订立合同过程中"故意隐瞒与订立合同有关的重要事实或者提供虚假情况，"给对方造成损失的，应当承担损害赔偿责任。在商品房买卖中，住宅小区周边不利因素主要有三种情况，一是住宅小区内；二是住宅小区外但却是住宅小区区域规划之内；三是住宅小区区域规划之外。这三种情况都会在一定程度上影响到房屋成交结果和成交价格。从这个意义上来说，开发企业若知道这三种不利因素，就应该提前明确告知购房者。但是，如果属于前两种情况，购房者签订购房合同后才了解到这些不利因素，可以通过法律手段来维护自己的合法权益。如果属于第三种情况，开发企业没有将这些不利因素告诉购房者，只是承担道义上的批评或指责，却不承担法律责任。这就要求购房者事先全面了解住宅小区及其周边的规划情况，再决定是否与房地产开发商签订购房合同。本案中，杨先生应该抓紧了解自己所购住宅是属于哪种情况，再决定如何讨说法。

不可抗力有法律界定
滥用要承担法律责任

北京市汤先生于 2006 年底购买了一套商品房期房，在与开发企业签订的《房屋买卖合同》中有这样一条规定："除了不可抗力因素外，开发企业最迟于 2007 年 12 月 31 日前将标的房屋交付给购房人，否则应由开发企业承担违约责任向购房人作出赔偿。"汤先生曾经问售楼小姐，什么是不可抗力？得到的回答是战争、水灾、地震等因素。汤先生听了觉得在理，对这条并未太在意。但是，问题却偏偏让他赶上了。直到和开发企业约定的交付日期过了三个月，开发企业仍未能将房子交给汤先生。

汤先生向开发企业询问何时交房时却被告知，由于银行方面没有发放贷款，工程因资金困难而导致无法按期交房。银行是否发放贷款是不可预见的，属于购房合同中约定的不可抗力，故开发企业不需承担违约责任。

到底什么才算是"不可抗力"？是不是所有的客观因素都能归入"不可抗力"，房地产开发企业都能据此免责？心存疑惑的汤先生向有关律师进行了咨询，随后将这家开发企业告上了法庭。

根据我国《合同法》规定，只有合同一方当事人有重大违约行为时，另一方当事人有权解除合同。因此，当开发企业不能按期交房时，一般来说购房者并不能马上解除合同，但是按照在合同中对于开发企业略微迟延履行合同的约定，在宽限期过后仍不能交房，购房者有权解除合同，并要求其返还所交的预售购房款和利息，并支付违约金。

根据我国《民法通则》153 条、《合同法》117 条之规定，所谓"不可抗力"，是指不能预见、不能避免、不能克服的突发性事件。按照此规定，不可抗力须表现为一种客观情况，且该客观情况的发生必须同时具备不能预见、不能避免、不能克服这三项条件，三者缺一不可。如自然灾害、战争等重大意外变故。在有些情况下，国家政策法令调整和政府行为也可以成为不可抗力的事由之一。但就这家房地产开发公司所陈述的理由来看，由于银行方面没有发放贷款是属于不能预见、不能避免、不能克服的不可抗力，所以购房者就只有无限期的等待。这么解释合法吗？答案是否定的。

近年来，少数房地产开发企业在出售期房时，通常拿入住时间早为促销手段，吸引购房者的兴趣。一旦房地产商不能按合同规定如期交房，业主提出索赔要求时，开发企业又往往以遇到了"不可抗力"的因素为借口进行搪塞，以此来表明房地产企业没有责任，不赔付购房者任何费用。有些聪明的购房者在与开发企业签订购房合同时，要求在购房合同中明确注明"不可抗力"是指"水灾、战争、地震"等情况，也就是说，双方把"不可抗力"进行了细化和界定。它不再是一个宽泛的概念、不再是一个由开发企业可以任意解释的、随意便可免除自己违约责任的推辞，这就很容易理解了。

法律法规中"不可抗力"的必备要素必须同时具备三个条件——不能预见、不能避免、不能克服。如果开发企业把"银行方面没有发放贷款"也理解为不可抗力，导致开发企业不能按期交房，由此免除自己的责任，是属于强词夺理，在法律上是站不住脚的。即便就事论事来说，银行发放贷款是有具体条件和原则规定的，开发企业未取得银行贷款，说明开发企业并未具备获得贷款的条件，是开发企业本身的原因。既然如此，就不是不能预见、不能避免、不能克服的。因此，开发企业必须依照合同规定，返还购房者所交的预售购房款和利息，并支付违约金。

精装修房过了保修期
开发企业未必能免责

家住北京市朝阳区某高档住宅小区的唐先生最近很郁闷。2009年初,他的住所一夜之间被水淹了。地板、家具和其他东西都泡在水里,一片狼藉。最严重的还是唐先生多年来收藏的艺术品,损失大概30多万元。而肇事的原因就是厨房连接上下水管道的一个三通接口突然断裂。唐先生说,他买的是房地产开发企业精装修的房子,这些管道以及接口的材料和安装都是由开发企业负责的,现在出了问题,理应由开发企业负责解决。

当唐先生找到开发企业索要赔偿时,开发企业负责人说,这套精装修房屋已经过了两年的保修期,让业主找物业公司商量。而物业公司又把责任推给开发企业。虽然这明显是一个严重的房屋质量问题,但是开发企业和物业都不愿承担这个责任。在业主和开发企业签订的《房屋买卖合同》中确实约定了电气管线和排水管线的保修期是两年,唐先生是2005年4月入住,此时已超过两年。精装修的房屋过了保修期,开发企业就可以把责任一推了之吗?难道精装修房屋里的水管只能安全使用两年?在业主与开发商签订的《房屋买卖合同》中有这样一条:如果是因为产品不合格导致的房屋质量缺陷,不受保修期的约束。

唐先生目前最先应该做的是,尽快把断裂的三通接口送到国家有关质检部门去鉴定,鉴定这个产品是否有质量问题,如果存在质量问题的话,根据《消费者权益保护法》及《中华人民共和国产品质量法》规定,商家售出的商品必须要保证质量。即出现产品质量问题,消费者(缺陷产品的受害者)有权向生产者或销售者索赔,对方必须先承担责任,而后再向真正的责任人进行进一步的索赔。

《产品质量法》同时规定：生产厂家必须保证向消费者提供的产品不存在不合理危险，不存在缺陷。而且其对产品承担的产品质量责任不受"三包"期影响，即使过了"三包"期，也要承担侵权责任。根据该法规定，在本案中，精装修房屋质量问题应该由开发企业承担法律责任，业主遭受的损失由开发企业承担，而开发企业可以向劣质产品的生产厂家进行追偿。

精装修的房屋应该有一个严格的质保体系，这一体系应包括交房后整个施工的验收标准、开发企业和物业公司的售后服务相应机制以及保修期外的维修处理问题等。事实上，我国目前还没有关于精装修的房屋标准强制性的法律法规，但是，开发企业应对精装修房屋的建筑质量和装修质量承担责任，如果消费者有证据表明，入住后未对房屋进行其他的装修活动，而产品在其正常使用期限内发生问题，开发企业就应该承担相应的赔偿责任。譬如，精装修的房屋超过了两年的保修期后，装修时安装的水管漏水造成业主损失，负责精装修的房产商还应承担相应赔偿责任。此外，房屋上市交易前必须通过专业的监理公司验收；业主如果自己与装修公司签订协议进行装修，当装修公司完工后，业主为了保险起见，也可以请专业的监理公司进行检测验收房屋。

房屋过户手续不完备
撤销违规发放房产证

哈尔滨市的姬女士与丈夫肖先生在2003年底购买了新开发的某小区一套住宅，并与房地产开发公司签订了一份《商品房买卖合同》，该《合同》中的买受人为姬女士。2004年2月1日姬女士与银行签订一份《个人住房贷款借款合同》，贷款金额为15万元。姬女士亦按合同约定每月偿还贷款至2009年3月1日。

2008年5月1日当地市建设委员会为姬女士颁发了《房屋所有权证》，这套住宅的所有权人为姬女士。当时姬女士出差在外，办理该房产证手续的人是姬女士的丈夫肖先生。

2008年11月14日肖先生持本人及姬女士身份证原件、《房产买卖协议书》与肖先生朋友刘某一起到当地房屋产权交易所办理这套住宅的过户手续，欲将该房卖给刘某。该交易所的工作人员审核了肖先生和刘某提供的房屋过户手续及相关材料后，为刘某颁发了新的《房屋所有权证》，并办理了所有权人为姬女士的《房屋所有权证》的注销手续。

刘某以自己的名义购买了姬女士这套房屋后，从未缴纳过购房款，他与肖先生办理房屋过户手续时，作为夫妻一方的姬女士也未到场。姬女士的这套住房虽已过户到刘某名下，却仍由姬女士居住着。

2010年2月，姬女士与丈夫肖先生感情破裂，他们协议离婚前，姬女士才得知自己住的房子已经过户到刘某名下，其作为该房屋的所有权人，对卖房一事却全然不知，故其认为当地房地产交易所为刘某办理房屋过户手续属违法。于是，姬女士以当地建设委员会为被告诉至法院，要求撤销其为刘某颁发的《房屋所有权证》。

人民法院在审理该案中认为，当地房地产交易所为该房屋办理房屋过户手续，工作人员应该对肖先生提供的材料进行审查。肖先生持相关材料申请办理的房屋过户手续并不是原房屋所有权人姬女士的真实意思表示，且办理房屋过户手续时，这套住宅的所有权人姬女士亦未到场，故当地房地产交易所在办理的该房屋过户手续中存在瑕疵，不符合法律规定，应予以撤销。

依据《城市房屋权属登记管理办法》规定，房屋权属登记由权利人申请。权利人申请登记时，应当向登记机关交验单位或者相关人的有效证件。代理人申请登记时，除向登记机关交验代理人的有效证件外，还应当向登记机关提交权利人的书面委托书。故登记机关在进行行政登记时，根据相关法律、法规及规定应对申请人提交的证件、证明材料进行审查。

按照上述规定，肖先生如果要将姬女士名下这套住房办理到刘某名下，在办理过户手续的过程中，如果姬女士本人因故不能亲自到场，应有其授权的委托书，由委托代理人肖先生为其办理房屋过户手续。本案中，姬女士根本不知道卖房一事，又对丈夫肖先生卖房的行为不予认可。当地房产交易所在肖先生提供的相关手续并不完备的情况下，为肖先生办理房屋过户手续不符合法律规定，理应撤销被告当地市建设委员会为刘某颁发的《房屋所有权证》。

签订购房合同宜严谨
防止打赢官司无赔偿

尤女士买房2年了,可至今仍未能拿到房产证。近日,她向仲裁部门提交申请,要求开发商赔偿逾期未办理房产证违约金。但开发商则认为,尤女士已拿到房屋钥匙,因此自己不存在违约。

尤女士在向仲裁部门提交的申请书中称:当初双方约定,开发商于她交款一年半后,将验收合格的房屋交付其使用,随后90天内,办理好房产证。但如今两年已经过去,开发商仍未取得验收合格证,亦未办好房产证。尤女士认为,开发商在明知自己违约的情况下,没有主动向她作出合理解释,未说明违约的原因及应采取的补救措施,故要求其赔偿违约金。

开发商在答辩书中强调,他们已于期限届满后15天将房屋交付尤女士使用。而合同没有约定办理房产证的具体时间,同时也没有约定出卖人违反此款的责任。如因出卖人的责任,导致买受人不能在规定期限内取得房产证,也只有在退房的前提下,才给予1%的赔偿。

最后,仲裁部门裁定,开发商因未按要求交房实属违约。但由于双方并未在合同中对赔偿细节进行详细约定,因此尤女士的违约赔偿要求,无法获得支持。

根据最高人民法院《关于审理商品房买卖合同纠纷案件适用法律若干问题的解释》第18条之规定:"由于出卖人的原因,买受人在期限届满未能取得房屋权属证书的,除当事人有特殊约定外,出卖人应当承担违约责任。"本案中,房地产开发商未按合同约定交付房屋,也未将办理权属登记的相关资料报产权登记机关备案,属于违约。但由于开发商早在合同中打下"埋伏",尤女士虽然赢了官司,其大部分赔偿要求却最终未获得支持。

一般情况下，《商品房买卖合同》中都有对出卖人逾期交房的违约责任作明确约定，但对商品房怎样才算交付使用则没有具体约定，当纠纷发生后，买卖双方往往对这种没有具体约定的合同条款存在不同理解而引发争议。

本案中，出卖人认为"房屋的交付使用"就是交钥匙、入住，作为购房人则认为"房屋交付使用"不仅包括交钥匙，还应包括取得房屋所有权证书。

因此，为了避免产生此类纠纷，购房者最好在签订购房合同时对房屋交付使用的条件明确约定，在文字上明确写清楚，只有完全符合所有交付条件后才算是正式交付，否则出卖人应承担逾期交房的相应违约责任。同时还可以约定出卖人交付未经验收合格的房屋应承担的违约责任和经济赔偿。购房者在签订合同的过程中如能这样约定，无论出卖人逾期交房或交付未经验收的房屋均应承担违约责任并赔偿。另外，购房者最好慎重地看清楚并仔细推敲合同中的每一项条款，以免出现纠纷诉诸法律时，即使赢了官司，却得不到相应的赔偿。

小区会所权属应归谁
要看定义和购房合同

最近，刚刚住进福州市某小区的业主张先生发现，开发商在售楼时承诺的小区会所，居然在收房后悄悄地变成了商用场所，原本说好的"上千平方米的花园、网球场、游泳池"等均未能兑现，张先生对此很是不解。他当初就是看中了该楼盘宣传海报中这些颇有诱惑力的广告才买这座小区的房子。

小区建有会所通常是开发商销售楼盘时吸引购房者的手段之一，但业主在入住后才发现，会所的功能与当初购房时相比发生了变化。如本来说好小区的某个位置或建筑是会所，而后来却被开发商擅自变更为停车场或成为其他设施。还有不少小区的会所被出租或出售，这些擅自变更小区会所用途的多是开发商或物业公司所为。会所的产权到底归谁所有？谁有权决定会所的用途？业主要维权，首先要确认会所权属，看会所的定义用途是什么。

开发商经常给业主的理由是，按照《物权法》相关规定，"建筑区划内的其他公共场所、公用设施和物业服务用房，属于业主共有"。因此，开发商在送审的平面图上需标注会所的用途，从会所的用途定性上能确认会所的归属权。有些开发商在送审时，其图上会所标注"部分商用"，在这样标注的情况下，会所所有权则归属于开发商。

也有小区业主认为，单从产权证来确认会所权属，在一定程度上必然是业主吃亏。如果说让全体业主去办理小区会所的产权证也非易事。因为，在一般情况下会所的产权证都在开发商手里。鉴于《物权法》中没有关于小区会所归属权确认的条款细则，也未写明"小区会所"是否属于公共场所、公用设施，但业主可根据会所建筑面积是否已分摊来确定其归属。如会所建筑面积已分摊进入销售成本,则该会所应归这个小区的全体业主共有。

涉及会所所有权的归属问题决不能一概而论,因为对于小区内会所是否具有公共公用职能,尚存有一定争议。如果开发商销售房屋时,对购房者在合同中约定或者在宣传资料中提出明确要约的话,如果约定会所产权归业主共有,那么则会所必然就归业主们共有。如果开发商在楼盘宣传的资料中说得比较模糊,购房者就要先找开发商问个明白,一定要了解会所的定义用途是什么,才能确定小区会所权属。只有确定小区会所权属之后,业主们才能更好地维护自己的合法权益。

开发商代收购房契税
不及时上缴涉嫌违法

家住北京市丰台区某小区的业主施女士认为，自己在购买了现在所居住的住宅后，由于房地产开发商没有及时将自己的契税款上缴到地税部门，在国家有关部门出台下调个人购房契税税率的政策后，也没有将自己多缴的款项退还。自己本应该享受契税下调的优惠政策却没有享受到，开发商也没有退还多收的契税款。

施女士2008年入住小区时，房地产开发商要求她将购房契税款缴与该公司，由开发商统一上缴到地税部门，否则便不能入住。按照当时的契税标准，施女士将契税款缴给了开发商，但一直未收到地税部门出具的完税证明。施女士认为多缴的契税款是业主个人财产，开发商作为一家企业或公司是没有权利私自扣留的。

面对业主的质疑，开发企业的工作人员表示，这样做实属"无奈"。原因是购房者在办理贷款手续的过程中，应银行的要求，开发商需要为买房人提供阶段性担保，签订相关协议，并押给银行一定的担保金。开发商提供阶段性担保的时间是从银行放贷至楼盘的所有房屋产权证办妥为止，因此开发商的担保金只有在所有房屋产权证办好后才能拿回。如果买房人不按时缴纳契税、专项维修资金，产权证就不能及时办理，开发商就不能及时拿回那笔担保金。这位工作人员还表示，开发商这么做也是为业主着想，统一由开发商代收，到时再由开发商统一代办产权证，这些都在购房合同附件中有明确约定。

针对此类纠纷，国家税务总局《关于征收机关直接征收契税的通知》中有明确规定：各级征收机关一律不得委托其他单位代征契税，契税要由征收机关直接征收。从购房合同中约定的条款来看，开发商代收契税属于业主自愿委托，是一种民事关系。开发商代收契税属于民事委托合同范畴，根据我国《合同法》规定，委托人或者受托人可以随时解除委托合同。另外，多缴的契税款是业主的私有财产，如果开发商私自扣留用于其他途径便属不当得利，业主有权要求其退还，否则可以起诉至当地人民法院，依法维护自己的合法权益。

开发商违约业主退房
责任方承担按揭利息

安徽省淮南市的曲女士以贷款方式购买了一套住房,收房后发现自家楼下是配电房,且噪声很大,于是她找专业机构监测后发现噪声超标。曲女士认为,买房时,售楼人员没有告诉她该房子下方是配电房,否则,自己不会选择这套房子。另外,按照合同约定,开发商应该在房屋交付使用后的90日之内办理房产证,否则业主可以要求退房,开发商要支付1%的违约金。由于现在已经超过了当初约定的期限,房产证还尚未办下来,于是,曲女士要求退房。

开发商表示,在合同约定的时间里没有办理好房产证可以退房,也可以退还房款和支付1%的违约金,但不会支付银行按揭的利息。开发商认为,采取哪种付款方式买房,是业主自己的事情,在采取银行按揭方式购房过程中,银行利息不应该由开发商承担。

根据我国《消费者权益保护法》的有关规定,消费者享有知悉其购买、使用的商品或者接受的服务的真实情况的权利。也就是说,曲女士在购买这套商品房的过程中,房地产开发企业的售楼人员应该告知此楼配电室的准确位置,而且要说明配电室产生噪声的大小程度。如果开发商在曲女士当初购房时未告知配电房的位置而误导她购房,那么曲女士因此要求退房是合理的,由此造成的损失理应由开发商承担。根据我国《合同法》规定,如果因为违约造成了大于约定的损失,应该以实际损失为准。

另外,采取银行贷款按揭的方式购买商品是商家和银行之间达成协议后才可以办理的,该种购买方式是商家提供的消费方式之一,如果商家不同意,消费者是不可能采取该种方式消费的。消费者采取银行按揭的方式购买商品,发生了退货情况,消费者与银行之间所产生的按揭利息，应该由责任方来承担。所以说，开发商除了承担合同上约定的1%的违约金外，还要承担曲女士因此项贷款所产生的按揭利息以及其首付款的银行存款利息。

当然，如果在退房事件中发现双方都有责任，则应按照责任的大小比例各自承担。现在曲女士要求退房，其主要原因有二，一是在曲女士购买房子的过程中，开发商未告知配电房的位置；二是在合同约定的时间内，房地产商未给曲女士的新房办好房产证。这两项责任都是由开发商造成的，所以开发商应该承担损失，该损失包括银行按揭所产生的利息。

签合同是为约束双方
违约金打折岂有此理

成都的黎先生购买了一套房产，在他与开发商的购房合同中约定，开发商应于 2008 年 10 月 31 日交房，如逾期交房，每日按总房款的万分之五支付违约金。然而直到超过规定日期 6 个月后，黎先生才拿到新房钥匙。由于开发商已经违约，黎先生要求对方依约赔偿自己。但开发商却提出由于赔偿金额较高，要求打折，并找出种种理由。黎先生与开发商就违约金赔偿是否打折的问题始终未能达成协议，黎先生咨询律师后，将该房地产公司诉至法院，要求开发商按照合同约定赔偿自己违约金 3 万余元。

黎先生认为购房合同的内容均为房地产开发商意愿的表达，既然约定了延期一日按万分之五的违约金赔偿，开发商应遵守承诺如约履行合同。如果自己与开发商所签合同具有法律效力，双方就应当自觉遵守。如果开发商随意违约，将影响交易公平，正常的房产交易秩序将无从谈起。

关于违约金的高低问题，人民法院可以依据当事人申请的理由是否充足与合法予以调整，或者维持原合同的约定。2009 年 5 月 13 日实施的最高人民法院《关于适用〈中华人民共和国合同法〉若干问题的解释》中规定，当事人主张违约金过高请求予以适当减少的，人民法院应当以实际损失为基础，兼顾合同的履行情况、当事人的过错程度以及预期利益等综合因素，根据公平原则和诚实信用原则予以衡量，并作出裁决。当事人约定的违约金超过实际损失的 30% 的，一般可以认定过分高于造成的损失。本案中双方约定的是违约金的计算方法，日万分之五的比例算不算高，双方可参考同样品质的房屋如果出租六个月的实际收益来衡量。当然，赔偿金的数额主要是按合同履行，由法律说了算。因为,如是购房人违约,也应按照同样的比例承担违约金。

《商品房买卖合同》是双方认可后签订的,是消费者维护自身权益的合法依据,一旦发生纠纷,主要依据合同进行解决。如果开发商违背了合同条款,给消费者造成了损失,应该按照合同的约定支付违约金。本案中违约金的赔偿,完全是由于开发商违约造成,归根结底是开发商逾期交房时间过长所致。作为购房者黎先生并未违约,开发商给黎先生带来损失是实际存在的,人民法院依据公平和诚实信用原则,维护购房者的合法利益。法院在审理后最终判决开发商支付购房者黎先生违约金,违约金数额按照双方所签订合同中的约定标准计算。

开发商曾许诺建绿地
后建停车场属于违规

北京市海淀区某住宅小区的业主们这些年来心里一直很别扭。原因是,他们入住小区5年来,开发商曾经许诺的在小区内建设绿地及进行文体活动的会所的事情一直没有兑现,而且至今也没给个明确说法。小区绿地究竟归谁所有?这些似曾相识的纠纷都曾被媒体陆续报道过,并在社会上引起广泛争议。虽然在有关部门的努力下,有些小区的这个问题最终得以解决,但有的小区这个问题的解决却不那么尽如人意,业主们该如何维权或讨个说法,这一问题始终困扰着业主们。

有的业主说,在开发商售楼时曾承诺给业主们留出绿地,而小区楼盘的宣传单上也已标明,小区里的某些地块儿将来会建成绿地及进行文体活动的场所。当小区业主们刚刚入住这座小区时,小区内准备建绿地的地方还是一片碎砖破瓦的垃圾场。随着时间推移,业主们不仅没有享受到应该有的绿色环境和舒适的生活,而且开发商许诺的绿地陆续建成了停车场,从而使得业主们的生活环境和质量受到很大影响。

小区绿地是业主依法享有的共用部位,建设单位不得擅自处理。按照《中华人民共和国物权法》第97条之规定:"处分共有的不动产或者动产以及对共有的不动产或者不动产做重大修缮的,应当经占份额三分之二以上的按份共有人或者全体共同共有人同意,但共有人之间另有约定的除外"。开发商如果要改变小区绿地的性质挪作他用,这就涉及处分业主共有的面积部分,必须要经过三分之二以上业主同意才能实施,开发商不能暗度陈仓。另外,业主为了保护自己的权益,在购房的时候应该将开发商口头的承诺尽可能在合同上予以注明,如果没法将规划图纸附到合同上,至少要将规划图纸编号写到合同上,这样其合法权益才能得到保障。

开发商把绿地和文体活动场所改做停车场,考虑的是赚取停车费的收益,损害的却是小区业主们的生活环境和质量。小区绿地是城市绿地的一部分,也是业主生活环境的重要组成部分。但还是有少数开发商利欲熏心,不讲诚信,不兑现承诺,不履行责任和义务,随意侵占绿地。对此,广大业主反应十分强烈。因此,如何检查开发商是否履行承诺,如何健全和完善工程结束后的验收制度,已成为建设项目审批部门的当务之急。作为小区业主,应该依法行使自己的权利。

本文开头所讲的这座小区的广大业主在咨询了律师后决定先尽快成立业主委员会,再由业委会代表广大业主出面,依据《中华人民共和国物权法》与违法违规的房地产开发商协商,主张自己的合法权益,如果问题得不到解决,应该向当地人民法院提起诉讼。

会所不达标属于违约
楼盘广告有法律效力

王小姐购买了北京市西城区某住宅小区一套商品房。半年后，因小区会所未达到使用标准，王小姐遂以违约为由将小区开发商告上法院。王小姐称，她与开发商签订的《商品房预售合同》中明确约定，开发商须于2008年6月30日前将房屋交付给王小姐使用。同时还约定，小区内的会所也在该日期时达到使用条件，否则开发商每日按已交付房款的万分之二承担违约责任。

据王小姐说，入住后，发现该小区会所并未交付使用，而且迟迟未达到使用条件。她认为鉴于开发商在售楼广告上的宣传，如今其应该为自己的行为承担违约责任。故诉至法院，要求开发商支付违约金6.6万余元。对此，该小区开发商辩称，售楼广告仅是要约邀请，而在《商品房预售合同》中对会所具体包括哪些设施并无明确约定。而且开发商举证，在2008年7月2日至2008年8月2日期间，会所的健身房、乒乓球室、台球厅、儿童游戏池、麻将室等设备已陆续安装调试完毕，可供业主使用。开发商还表示，导致小区会所延期开放的原因，是由于会所游泳池需要加装玻璃幕墙，以及安装无障碍电梯所致，现在工程已经完工。这些都是为提升会所档次所增加的功能，而小区会所在规划之初并未包括在内，现相关规划变更手续正在办理中，并非会所未达到使用条件。因此，开发商称自己不存在违约行为，不应承担违约责任。

法院审理后认为，售楼广告上刊登有会所的地上部分拥有玻璃幕墙外观，并附有游泳池的效果图。此等广告宣传虽仅为要约邀请，但能够对购房人的购房心理产生一定影响，开发商亦应承担诚实信用的义务。最终，法院酌情判决被告开发商向王小姐支付违约金5.8万余元。

由于本案中双方在《商品房预售合同》中并未约定"使用条件",对此开发商应按照《合同法》第6条"当事人行使权利、履行义务应当遵循诚实信用原则"的规定和交易习惯及通常的理解,应对会所使用的时间加以解释,即开发商除了提供会所应具备的基础设施外,还应保证业主能够安全、无碍地使用会所设施。根据最高人民法院《关于审理商品房买卖合同纠纷案件适用法律若干问题的解释》第3条之规定,开发商就商品房开发规划范围内的房屋及相关设施所作的说明和允诺具体确定,并对商品房买卖合同的订立以及房屋价格的确定有重大影响的,视为要约,无论是否写入合同,均具有法律效力,如果开发商违约,应当承担违约责任。假如开发商确实无法履行宣传资料中的承诺,在绿地、花园以及车棚等附属设施都没有履行承诺的情况下,住户们可以对已购房产进行评估,最终确定房子的价值是否低于他们当初购买的价格。

也就是说,楼盘的宣传品是具有法律效力的,如果宣传品上所涉及的部分没有在购房合同中提及或者更改,宣传品上的内容就自动地成为购房合同的一部分。如果开发商没有按照宣传品所言设计楼盘,就构成了合同违约行为。如果开发商确实存在违约行为,业主们可以收集相关证据,并与其他业主联合,向所在地的工商、消协等部门反映或投诉,同时也可以向当地人民法院提起诉讼,维护自己的合法权益。

开发商盖楼擅自加层
违反规划应受罚赔偿

贾先生在重庆市购买了一套商品房,在与开发企业签订的《商品房买卖合同》中约定该楼盘总层数为6层。但贾先生拿到房子钥匙后发现,开发企业擅自改变建设工程规划许可证及其附件、附图内容,超建4层,楼房已经加至10层。随后,贾先生联合多位业主起诉开发企业违约。

几乎与此同时,当地规划局对开发企业作出处罚决定,对开发企业擅自改变建设工程规划许可超建的面积按每平方米处罚500元,要求开发企业履行接受罚款并完善相关手续后,予以办理永久规划许可手续。但开发企业的超建部分至今未通过规划验收。

原告贾先生认为开发企业的行为造成小区容积率大幅度提高,人均实际占有的共有空间缩水,造成小区业主生活舒适度降低,居住条件、生活质量严重下降,要求开发企业赔偿业主经济损失。

开发企业则认为,原告贾先生要求开发企业承担违约责任并赔偿业主损失,没有法律依据和事实依据。首先,原告如果不能接受规划变更的事实,可以按合同约定退房。其次,规划部门对自己的行为予以罚款,而不是拆除,由此说明主管部门已经批准规划变更。故请求法院驳回原告的诉讼请求。

本案的起因是开发企业违反规划建设导致业主权益受损,虽然规划部门已对开发企业作出了处罚决定,但这仅能证明开发企业因违法而被处罚,并不能证明已获得规划部门批准。如果强制拆除开发企业违法建设的房屋,势必会造成社会资源的极大浪费。因此,规划部门确定"履行罚款并完善相关手续后,予以办理永久规划许可手续"是一种补救措施,不能解释为规划部门已经批准规划变更,更不能理解为已经通过规划验收。

根据《中华人民共和国合同法》第107条之规定："当事人一方不履行合同义务或者履行合同义务不符合约定的，应当承担继续履行、采取补救措施或者赔偿损失等违约责任。"这座楼盘的房地产开发企业擅自加盖楼层的做法如果导致原告业主所购房屋的居住环境、生活舒适度及房价下降等，应按照该法第112条之规定：当事人一方不履行合同义务或者履行合同义务不符合约定的，在履行义务或者采取补救措施后，对方还有其他损失的，应当赔偿损失。该法第113条还规定：当事人一方不履行合同义务或者履行合同义务不符合约定，给对方造成损失的，损失赔偿额应当相当于因违约所造成的损失，包括合同履行后可以获得的利益，但不得超过违反合同一方订立合同时预见到或者应当预见到的因违反合同可能造成的损失。另外，根据《中华人民共和国民法通则》第4条之规定，民事活动应当遵循诚实信用原则。由此确立了当事人以善意方式行使权利、履行义务的行为规则。因此，如果开发企业的行为确实给原告造成了损失，依法应当予以赔偿。

法院审理后认为，开发企业擅自加盖楼层，属于超规划建设。并且，按照双方当事人在购房合同中关于总层数的约定，开发企业的行为属于违约行为。由于已经造成原告利益损失，开发企业除了接受国家有关部门的处罚，还应该依法对因此受到损失的业主们予以赔偿。

售房者违约一房二卖
依法赔偿遂握手言和

宋小姐与开发商签订了《房产认购协议》,并且支付了50%购房款。未曾料到的是,开发商却在半年之后将该房产按每平方米加价3000余元的价格卖给了他人,而宋小姐对此却一无所知。目前,该房产每平方米市场价格相比宋小姐的认购价涨了近1万元,宋小姐与开发商之间的赔偿协商陷入僵局。

事情发生在2007年,宋小姐认购了这家房地产公司开发的一处房产,总房款为120万元。宋小姐在签协议的当天缴纳给房地产开发商60万元首付款。根据认购协议约定,余款60万元通过办理银行按揭贷款进行支付。当天,这家房地产公司为宋小姐开具了销售不动产统一发票。随后,宋小姐根据房地产公司的要求还缴纳了中央空调初装费5000多元。

转眼一年过去了,宋小姐听说不少多业主均已收房,便主动来到开发商询问交房事宜,该公司业务部人员称很快就可以交房了。可又过了几个月,到了2009年10月,宋小姐仍未接到开发商的交房通知,却被意外告知自己所购买的那所房产已经被开发商卖给了他人。

如今房款已交付一半、认购协议已签、购房发票已开,连中央空调初装费都交了,开发商竟在交房前将房子卖给了他人。为此,宋小姐找开发商要求对方给自己一个说法。该公司工作人员解释,此套房产销售给了他人是由于该公司员工工作失误造成的,愿意对宋小姐给予赔偿。

该房地产开发公司积极和宋小姐协商赔偿方案,房地产公司负责人出面向宋小姐提出和解方案,以相似品质的一套房屋代替他们之间签订的《房产认购协议》中标明的房屋,并再对宋小姐做适当补偿。宋小姐查看了新置换的房屋,基本满意。她也看到了对方的诚意,决定不起诉对方,与对方握手言和。

当前,已有一些地方制定并颁布了地方性法规,开始针对一房二卖的行为进行规范,如《河南省消费者权益保护条例》中就有相关规定,对经营者一房二卖的行为予以没收违法所得,并对出售者处以违法所得1倍以上5倍以下的罚款。

根据相关的法律规定,购房者与房地产开商签订的《房产认购协议》的法律效力等同于《购房合同》,开发商在与购房者签订了《房产认购协议》,却由于个别员工工作失误,导致将房产销售给他人,应该属于违约行为;即使是由于房地产公司员工的过失造成这种情况的发生,也是一种事实上的合同违约行为。依据我国《合同法》中的有关规定,"当事人一方不履行合同义务或者履行合同义务不符合约定,给对方造成损失的,损失赔偿额应当相当于因违约所造成的损失。"但就本案来说,房地产开发商积极承担违约责任,终于使事件圆满解决。

开发商封阳台违法否
要看合同是否有约定

2009年初,赵女士与某房地产开发商签订了《商品房预售合同》,并在合同中明确约定自己所购买的房屋阳台为"不封闭"。可在收房时,赵女士却发现房屋阳台已变为封闭式的,而开发商在此前已将阳台按全面积计算在这套住房内并预收了房款。同时,开发商要求赵女士必须缴完所有契税后才能收房。

赵女士认为,根据当初签订的预售合同约定,开发商属于擅自封闭阳台,应马上将自己的阳台恢复原样。对于赵女士的要求,该房地产开发商一直不予理睬。

其实,许多购房者并没有同赵女士一样细心留意因阳台是否封闭而引发的法律问题,甚至有些购房者会产生"既然早晚要封阳台,开发商封了自己还省的麻烦"的念头。因此,在开发商将设计中的不封闭阳台改建成封闭式阳台后,相当一部分购房者也不以为然。殊不知,这些开发商的"小动作"却是在侵害购房人的合法利益。

根据我国《建筑工程建筑面积计算规范》规定,建筑物的阳台,不论是凹阳台、挑阳台、封闭阳台、不封闭阳台,均按其水平投影面积的一半计算。阳台面积的计算方法是按照对其封闭与否而有所不同。全封闭式阳台,按其外围水平投影面积计算;未封闭式阳台,按其水平投影面积的一半计算。也就是说,全封闭阳台的价格等于房产单价乘以阳台实际测量面积,而未封闭阳台的价格等于房产单价与阳台实际测量面积乘积的50%。由此不难发现,阳台的封闭与否和购房者切身的经济利益有很大关系,特别是当购房人所购买的房产属于多阳台、大阳台的房型,而房屋单价又较高时,阳台封闭与否所产生的经济得失就更加明显了。

在本案中值得注意的是，如果赵女士与开发商签订的《商品房预售合同》中约定的是未封闭阳台，而实际交房时却变成了封闭式阳台，那么赵女士可向相关部门查看此项变更有无规划部门批准，如无批准，则变更就是非法的，可要求开发商恢复原状、赔偿损失或者支付违约金；即使此项变更得到批准，只要开发商未在规定的期限内通知购房者，购房者仍可要求开发商承担违约责任。

因开发商存在违规违约之处，由此造成的损失，赵女士可以要求开发商赔偿相应违约金。如果开发商拒绝，赵女士可依法向人民法院提起诉讼，要求开发商承担违约责任。

楼房排序跳层图吉利
如毁约要看是否欺诈

目前在房地产市场上，开发商在出售商品房时，为了避开13楼和14楼等所谓"不吉利"的数字，在编制房屋楼层时，便有意抽去了这两个层数。因此，12层以上的楼层号就凭空增加两层，比如购买13自然层房屋的业主，合同上写的是15层；购买14自然层房屋的，合同上写的是16层，依此类推。

这本来是开发商的好意，然而，偏有人不领这个情。日前，业主刘女士欲购买一栋住宅楼16自然层的一套房屋，在她与开发商签订的购房合同上标注的16层，不料拿到的却是14自然层的房屋。刘女士认为开发商存在欺诈，准备将其诉至法院要求加倍返还房款。

其实，陈某夫妻的行为也容易理解。因为根据大部分房地产销售市场的行情，楼层越高房价也越高，比如购房者购买16楼的房价肯定要比14楼高，甚至有的购房者正是冲着16楼的楼层才决定购买房屋。那么，购房者能否依此为由与开发商解除购房合同呢？

对于上述的情况，欲判断购房者能否退房，首先要看开发商在出售房屋时是否明确告知了购房者房屋楼层排序跳层的情况。如开发商已通过合同补充条款等形式履行其告知义务的，则说明购房者在订立购房合同时知道或应当知道跳层的情况，那么购房者与开发商所订立的《商品房预售合同》是其真实意思表示。在此情况下，购房者不得以房屋楼层排序跳层为由终止双方签订的《商品房预售合同》。

但是，若开发商事先未告知，则要看购房者在订立合同前是否查验过房屋。如果购房者已到所欲购买的房屋实地查看，则说明购房者对标的物的基本情况，如高度、周围景观等已经明确知道，在这种情况下，名义楼层只是一个符号，购房者所欲购买的房屋不会因为楼层称谓的变化而变化，房屋价值亦不会随之降低。此时，购房者的合同目的并没有因此而落空，故退房的请求难以得到法律支持。

如果开发商未履行告知义务，且因该楼层在订立合同时尚未建好而造成无法实际查验，或者有证据证明开发商事先未让购房者查验房屋的，则说明开发商交付的房屋与购房者所欲购买的房屋不一致，这就构成了法律上的重大误解。根据《合同法》第54条的规定，购房者可以在知道或应当知道撤销事由之日起一年内请求人民法院或仲裁机构撤销《商品房预售合同》，以达到退房的目的，同时，还可以追究开发商事先未尽告知义务的过错责任。

房产商安装健身器械
占公共绿地构成侵权

江苏某房地产开发公司为了方便业主锻炼身体,近日在南京一座小区内两幢住宅楼之间的绿地上安置了健身器材,这本是好事。然而,事与愿违,一些业主在使用健身器材时发出的声音过大影响了另外一部分业主的休息。后者为讨"休息权"起诉至法院,要求该房地产开发公司拆除影响休息的健身设施。

张先生作为此次业主诉讼的代表提出:随着小区业主陆续入住,使用健身设施的人越来越多,卧室窗外的健身场所就像是个"游乐场"。每日清晨和傍晚,大人孩子都来这里玩耍,各种喧哗吵闹声直接穿透玻璃传到屋内,这些噪声严重干扰了自己的正常生活、休息和工作。为了能好好地休息,自己曾多次劝告同是业主的锻炼者,但却遭到反驳,"这是小区的公共娱乐场地,是大家共有的!"自己代表部分业主向开发商提出建议,将这些健身设施安装到距离居民楼远一些的地方。但开发商并未答复,也未将健身器材拆迁。无奈之下,自己和受噪声影响的业主们,以开发商为被告,向人民法院提起诉讼,讨要自己正常的"休息权"。

到底小区的公共健身设施是保留、拆迁、还是拆除?一时间在小区内被业主议论的沸沸扬扬。大家同时也在想,当业主的健身权与业主的"休息权"发生冲突时,到底该如何平衡呢?怎样解决因健身而引发的这场"官司"?

首先,根据《物权法》相关规定:健身设施属于全体业主共有,也就是说开发商并不享有对健身设施的所有权和处分权,因此无权决定对健身设施的去留。住宅小区的本质是大众生活休息场所。其次,从小区角度出发,业主在小区应形成公共契约,对小区娱乐健身设施的设立,应该本着方便业主健身、不扰他人的原则，还应该建立有效的管理机制和投诉渠道。同时，在小区的公共健身场所设置一些"请勿扰民"的标识，从而对锻炼健身的业主进行提醒。此外，有关部门也应该考虑与住宅小区合作，在小区附近多建立一些可供市民锻炼的公共服务设施，因健身而扰民问题就可以迎刃而解了。

  法院在审理此案中发现，该小区健身设施安装之处原来的规划是绿地，因此法院审理后认为，此次涉案的健身设施选址不当，严重干扰附近业主的日常生活。健身器材安装地点原规划为绿地，属于业主共有，开发商改变规划必须征得业主的同意，而开发商事先没有征求业主意见，此行为明显构成侵权。因此，法院判决开发商拆除所争议的健身设施，另外选址，此处恢复绿化。

购房协议属合同性质
购房者预告登记维权

北京的蒋女士在两年前从一家房地产开发公司购买了一处房屋。在双方签订的《购房协议书》中约定，蒋女士在签约当天交付房款总额的95%，而余款只需要在其入住后交付。并且，按照该协议约定，双方在签署协议的7日内需再签订《商品房买卖合同》，在此期间开发商不得向第三方出售该房。此后，蒋女士多次要求该房产开发公司签订《商品房买卖合同》，但该公司售房人员均以"已履行了绝大部分付款义务，没有必要另行签订《商品房买卖合同》"为由，婉拒另签合同。

没过多久，蒋女士得知，该公司以自己没和其签订正式的《商品房买卖合同》为由，将自己已经购买的那套房屋转卖他人，且对自己先前缴纳的那部分房款以种种理由故意拖延不退还。蒋女士与房产开发公司协商，指出对方一房二卖的行为对自己已构成欺诈，是违法的，应该尽快退回自己已经付给的购房款和相应利息。

房地产开发公司则认为，双方并未按照合同约定在7日内签订《商品房买卖合同》，因此自己有权另行出售房屋，且所收房款不予返还。

协商未果后，蒋女士向人民法院提起诉讼，指出房地产公司一房二卖的行为已经构成欺诈，要求与房地产公司解除购房协议，返还购房款并按已付房款1倍赔偿损失。

法院审理后认为，双方签订的《购房协议书》属合同性质合法有效，并认定房产开发公司违法，判令解除双方签订的《购房协议书》，房产开发公司双倍赔偿蒋女士已付购房款，并赔偿其利息损失。

本案的判决依据为《合同法》和相关的司法解释。在2007年7月1日起推行使用的《北京市存量房屋买卖合同》中明确规定，如果房屋出卖人"一房二卖"，买受人有权退房，出卖人除应当返还全部已付款并支付约定利息外，还应当按累计已付房价款的一倍支付违约金。

另外，按照2003年4月最高人民法院出台的《关于审理商品房买卖合同纠纷案件适用法律若干问题的解释》之规定，将惩罚性赔偿原则引入到商品房买卖合同纠纷的处理中来。规定对出卖人严重违反诚实信用原则、损害买受人利益的恶意违约欺诈等行为，可以适用惩罚性赔偿原则。该司法解释规定了可以适用惩罚性赔偿原则的5种情形：（一）《商品房买卖合同》订立后，出卖人未告知买受人又将该商品房屋抵押给第三人；（二）《商品房买卖合同》订立后，出卖人又将该房屋出卖给第三人；（三）订立合同时，出卖人故意隐瞒没有取得商品房预售许可证明；（四）在订立合同时，出卖人故意隐瞒所售房屋已经抵押的事实；（五）订立合同时，出卖人故意隐瞒所售房屋已经出卖给第三人或者为拆迁补偿安置房屋的事实。

"一房二卖"是一种常见的房产开发公司不诚信交易行为，对于这种行为，当事人往往也不满足于索要违约金，更想要回房产。对此，购房者可以申请预告登记。所谓预告登记就是指当事人签订买卖房屋协议时，为保障将来实现物权，可以按照约定向登记机构申请预告登记。我国《物权法》第20条规定，"当事人签订买卖房屋或者其他不动产物权的协议，为保障将来实现物权，按照约定可以向登记机构申请预告登记"。这是我国第一次以法律的形式确定了预告登记制度。

开发商欲卖掉幼儿园
如是要约将担责赔偿

  山东省济南市某居民小区的业主近日对房地产开发商擅自卖掉小区幼儿园感到非常不满。因为一些业主正是看中了小区内的这所幼儿园,才买这座小区里房子的。业主们认为开发商没有权利这么做。因为,当初开发商在售楼广告中清楚地写着:"小区幼儿园是为小区业主修建的。"业主认为,幼儿园是小区的配套设施,不应该随意卖掉。可是开发商却说,自己拥有幼儿园的产权,所以有权卖掉。

  在这起事件中,业主与房地产开发商的分歧是:幼儿园到底是不是小区的配套设施。在《中华人民共和国物权法》立法的时候,对于到底哪些部分是属于业主共有的问题,有一个基本原则,即业主在使用这套住房时必不可少的部分。比如:电梯、楼梯间等,这些都是业主进出小区必须要经过或者必须要使用的共有部分。从这个意义上讲,幼儿园实际上不应该属于这种范畴。因为在一般情况下,幼儿园在使用方法上它还具有一种相对独立性,开发商有权利获取对这个幼儿园的所有权,在取得所有权的情况下开发商就有权利将幼儿园卖给他人。

  但是,并不是在任何情况下开发商只要取得了幼儿园的所有权,就有权利将幼儿园卖给他人。这种所有权在某种情况下,是受到一定限制的。需要注意的是:如果开发商在售房时作出过书面承诺(包括售楼广告单、房屋买卖合同、楼盘说明书等),其再将幼儿园卖给他人就构成违约。根据最高人民法院《关于审理商品房买卖合同纠纷案件适用法律若干问题的解释》第3条之规定:"商品房的销售广告和宣传资料为要约邀请,但是出卖人就商品房开发规划范围内的房屋及相关设施所作的说明和允诺具体确定,并对商品房买卖合同的订立以及房屋价格的确定有重大影响的，应当视为要约。该说明和允诺即使未载入商品房买卖合同，亦应当视为合同内容，当事人违反的，应当承担违约责任。"由此可以看出，如果开发商曾经向购房者作出过"小区幼儿园是为小区业主们修建的"承诺，而后来却企图将其卖掉，或擅自改变了幼儿园的用途，该小区的业主即可以提出违约诉讼，有权要求开发商按其承诺履行合同。业主也有权要求退房，并要求开发商返还购房款和同期银行存款利息，以维护自身合法权益。

开发商雇人殴打业主
雇人打人者都触刑法

北京市朝阳区某住宅小区,最近发生了一起房地产开发企业负责人雇佣数十名猛男手持铁棍对本小区内十几位手无寸铁的业主进行殴打的事件。这原本应该是在武打影视剧中出现的情景,却发生在现实生活中。到底是什么原因导致开发企业负责人对业主有如此深仇大恨呢?

据了解,此次暴力冲突事件的发生和小区内一块公共土地使用权有关。早在业主们住进小区前,这块土地就被规划为小区内的休闲会所。由于没有动工,所以一直以来都被当作小区的临时停车场。直到入住5年后的一天,开发企业突然向小区业主发出公告,说要对此前规划的土地重新动工,把临时停车场拆掉,继续建造休闲会所。开发企业在公告中说,早在10年前就已经持有对这块公共土地的规划许可证,只是由于种种原因才推迟到现在动工。而且具有施工许可证,有法可依,谁也不得阻拦。小区所属的居委会、派出所和规划部门为此多次召集双方代表进行协商。但当事双方始终对这块土地的使用权争执不下,并且业主们和小区保安发生了多次言语和拳脚上的冲突,最后导致此次暴力事件的发生。

这场暴力事件的发生,其根源就在小区公共土地使用权上没有妥善解决好。如果当初规划部门在事前尊重广大业主的知情权,也就能够避免此次纠纷。关于这块土地的使用,应适用《物权法》第73条之规定:"建筑区划内的道路、绿地、其他公共场所属于业主共有。"同时,如果开发企业在当初售楼时没有说明这块绿地及停车场将来还要建设其他建筑物,而后来业主入住的5年内也没有对这块土地进行开发建设,那么开发企业后来再想改变这块土地的使用权时,应该按照《物权法》规定——"有三分之二以上的业主同意,并且向有关规划部门申报批准",这样才能够合法的变更小区公有土地的规划。两种条件缺一不可,这样才能保护业主的合法权益不受侵犯。如果业主们在购房前开发企业并没有将这块土地的规划用途告知业主,那么业主们也就自然成为这块公共土地的共有权人,也就可以决定这块土地的用途和归属。

当然,这次殴打业主事件中使用暴力的人及其幕后指使者的行为,已经触犯《中华人民共和国刑法》,应该依法受到法律的制裁。

精装修房屋出现问题
开发商应负责并赔偿

家住北京海淀区的秦女士于2007年底花120万元购买了一套精装修房。可2个月后,刚拿到新房钥匙的她就对这套精装修房进行了重新装修。已经精装修好的房屋怎么会又重新装修呢?

原来,秦女士验房时发现厨房的地砖有很多缺损,卫生间地不平且有大片积水,客厅吊顶参差不齐、地板的裂缝大和房门拉手部分坏掉等等,秦女士看到这些情况当时就急了,开发商见此答应马上修理,可是等了1个星期也没有动工。经过秦女士一次又一次不厌其烦地找开发商,开发商终于派装修队来给她修理了。

3个星期过后,开发商声称房子修理完毕,可以放心入住。但当秦女士再次验房时又发现,开发商除了把室内的墙体铲平了外,地板毛病依旧,当初开发商答应的修缮,很多都没做或没改好。忍无可忍的秦女士索性自己找来了装修工人,彻底把房子重新装修。

与秦女士家遭遇相似的还有不少家,小区内随处可见的装修工人,证明大部分业主都在重新装修自己的"新家"。对此很多业主不禁要问,应该怎样维权呢?根据我国《合同法》中的有关规定,购房合同生效后,买房人与开发商就房屋质量没有约定或者约定不明确的,可以协议补充;不能达成补充协议的,按照合同有关条款或者交易习惯确定。《合同法》第148条规定:因标的物质量不符合质量要求,致使不能实现合同目的的,买受人可以拒绝接受标的物或者解除合同。买受人拒绝接受标的物或者解除合同的,标的物毁损、灭失的风险由出卖人承担。

《合同法》第153条规定:出卖人应当按照约定的质量要求交付标的物。出卖人提供有关标的物质量说明的,交付的标的物应当符合该说明的质量要求。同时该法第154条规定：当事人对标的物的质量要求没有约定或者约定不明确，依照本法第61条的规定：合同生效后，当事人就质量、价款或者报酬、履行地点等内容没有约定或者约定不明确的，可以协议补充；不能达成补充协议的，按照合同有关条款或者交易习惯确定。仍不能确定的，适用本法第62条第一项：质量要求不明确的，按照国家标准、行业标准履行；没有国家标准、行业标准的，按照通常标准或者符合合同目的特定标准履行。

当然，如果开发商已知而故意隐瞒较严重的房屋质量瑕疵，应该承担相应的民事责任。我国《合同法》第150条至第155条对瑕疵担保义务作了详细的规定。在标的物存在瑕疵时，出卖人负有瑕疵担保义务，买受人享有瑕疵担保请求权。

根据最高人民法院《关于审理商品房买卖合同纠纷案件适用法律若干问题的解释》之规定，如果购买的商品房因质量问题严重影响正常居住使用，买房户请求解除合同和赔偿损失的，人民法院应予支持。同时，如果交付使用的房屋存在质量问题，在保修期内，房地产开发企业应当承担修复责任；房地产开发企业拒绝修复或者在合理期限内拖延修复的，买房人可以自行或者委托他人修复。修复费用及修复期间造成的其他损失由房地产开发企业承担。

综上所述，开发商交付的房屋质量不合格要承担相应的违约责任。如像秦女士一样，发现自己购买的房屋质量不合格，业主可以要求开发商承担修理房屋、更换房屋、退房、减少房价等违约责任。如果买房人还有其他损失的，也可以要求开发商赔偿损失，或者向当地人民法院提起诉讼。

签单看房后跳开中介
违规操作者适当担责

郭先生夫妇在一家房产中介公司的房源信息上选中了一套二手房。随后,他们与该房产中介公司签订了《看房确认单》。确认单约定:在客户与业主双方对房屋及价格满意并达成买卖关系时,房产中介公司收取客户房屋成交额的 2.5%、业主房屋成交额的 0.5% 作为代理费。如看房客户与业主双方私下成交,将追究违约方法律责任,赔偿代理公司代理费的 5 倍金额作为违约金。合同签订后,房产中介公司的工作人员带郭先生夫妇看了房。郭先生夫妇与该房的业主胡女士当场反复协商,最终商定成交额为 165 万元。

郭先生夫妇回来后反复考虑,觉得自己所承担的中介代理费用过高,便没有急于购买此房。第二天,郭先生夫妇直接找到房主,经过协商,他们与房主达成了房屋买卖协议,并办理了房屋过户手续。这次交易,房屋的成交价格未变,但郭先生夫妇节省了房产中介公司的代理费。然而,房产中介公司得知此事后,将郭先生夫妇告上了法庭。他们认为,自己公司与郭先生夫妇签订了《看房确认单》,明确约定如私下成交,对方应支付违约金。

在庭审过程中,郭先生夫妇辩解说,房产中介公司提供的《看房确认单》是格式合同,所以不同意该房产中介公司的诉讼请求。法院审理后认为,郭先生夫妇到房产中介公司了解购房信息,经房产中介公司的工作人员带领,与业主联系并看了所要购买的房屋。同时,他们在中介公司的协调下与业主达成了最终成交额,最后只因代理费问题,郭先生夫妇绕开中介公司单独与房主达成交易。因此,郭先生夫妇应对房产中介公司为此提供的信息服务适当给予补偿。但房产中介公司要求按照《看房确认单》中规定给付违约金的诉讼请求，因缺乏法律依据，法院不予支持。

上述事件就是所谓的"跳单"，它通常是指买卖双方通过中介的居间服务联系上之后，跳开中介，自行成交或委托其他房产中介公司代办过户服务，以此逃避中介费的支付或少付。在现实生活中，房产中介公司提供的《看房确认单》往往规定，如看房人不通过其公司购买此房产的，便要承担相应的违约责任。然而，此类案件诉至法院后，一般情况下很难得到法院支持。究其原因就是，根据《中华人民共和国合同法》第426条规定："居间人促成合同成立的，委托人应当按照约定支付报酬。对居间人的报酬没有约定或者约定不明确，依照本法第61条的规定仍不能确定的，根据居间人的劳务合理确定。因居间人提供订立合同的媒介服务而促成合同成立的，由该合同的当事人平均负担居间人的报酬。"

看房人与房产中介公司签订的《看房确认单》只要明确约定了当事人双方的具体权利和义务，就应该是一份有效的合同。在房产中介公司将看房单上的内容全部告知了看房人后，双方自愿、协商一致签订，当事人的行为受该《看房确认单》的约束。如果房产中介公司未尽告知义务，看房单上则存在瑕疵，对看房人无约束力。

其实，签订《看房确认单》是买房、租房的必要步骤。它有两层意义，一是房产中介公司对其工作人员业务量的考核，经客户签字后，可证实，工作人员确实是带客户看房去了，避免"开小差"现象。二是对房产中介公司所付出劳动的一个保护措施，避免客户经房产中介公司带领看完房之后，再与房主私下交易，客户签订《看房确认单》是对业务员劳动成果的尊重。因此，广大买房者大可不必与《看房确认单》较劲。但需要注意的是，如果有房产中介公司在看房前要客户缴纳所谓的"看房费"，客户则可拒绝，因为正规房地产中介公司是不会要求客户缴纳这笔费用的。

没有产权证转让房屋
所签之合同未必无效

家住成都市的谭某几年前购得一套经济适用房,但一直未取得房屋产权证。在这种情况下,谭某通过房产中介公司将该房屋卖给了刘先生。唐先生卖出房子后又想反悔,便与买受人刘先生协商,未果。谭某随后以"未依法登记领取权属证书的房屋不得转让"为依据,要求法院认定自己当初与买受人刘先生所签订的《房屋买卖合同》无效。

谭某当初卖房时,与买受人刘先生签订了《房屋买卖合同》,合同中约定买方应在规定期限内支付首付款12万元,并由房产中介公司协助买方办理公积金贷款,买方在支付首付款后即可开始对房屋装修、居住,中介费和产权过户费由买方承担。当月,刘先生便按合同约定向谭某支付了全部首付款,谭某则将房屋交给了刘某居住至今。如今,谭某竟然要求法院认定当初自己和买受人刘某签订的《房屋买卖合同》无效。

上述案例中的《房屋买卖合同》是否有效呢?首先,这个合同是谭某与买受人刘先生当初自愿签订的,该合同明确约定了买卖双方各自的权利义务。作为卖房人谭某不但按照约定收取了刘先生的首付款,而且还向刘先生交付了房屋,并已形成刘先生实际使用的事实,由此可见这是双方当事人真实意思的表示。根据《中华人民共和国合同法》规定,对一个合同的效力,应从当事人的真实意思表示及该合同是否存在效力上的法律否定(即是否属于《合同法》规定的合同无效的情形)来判定。

其次,《中华人民共和国城市房地产管理法》规定,未依法登记领取权属证书的房屋不得转让,确定不得转让的房屋一般应当是指自始不能办理权属登记的房屋。其设置的目的是对在房屋所有权人尚不明确的情况下，对房地产权属进行转让和实际变动行为的一种限制，而不必然产生否定房屋买卖合同的效力。在本案中，谭某当初实际取得了房屋权属，并已付清全部房款，此房屋的权属明确，相关房屋权属证的办理和实际取得处于完全能够实现的可期待状态，交易手续和产权过户也均是可以完成的。

  法院审理此案后认为，本案谭、刘二人签订的《房屋买卖合同》系双方当事人的真实意思表示，该行为并不损害国家、集体、他人和社会公共利益。一审法院根据相关法律法规规定，结合审理查明的案件事实及有效证据，认定涉案购房合同有效。原告不服，又上诉到成都市中级人民法院。近日，该案经当地中级人民法院终审结案，法院二审维持了一审判决，驳回谭某的诉讼请求，其要求认定《房屋买卖合同》为无效合同的诉请未得到支持。

房屋无法办理产权证
不应该上市进行交易

家住上海的沈先生经房产中介公司介绍，相中了一套220平方米的别墅。房主徐某表示，此套房屋是去年才入住的新房，由于急于出售，所以想降价出售，每平方米售价才8500元，明显低于该地区相同品质的商品房。沈先生虽有些顾虑，但看到此房屋价格的确便宜，担心错过了购房良机，他在房产中介公司的撮合下，立刻与徐某签订了一份《房屋买卖定金协议书》，交付定金1万元，并就付款过户等一些细节问题作了相关约定。但回家后，沈先生觉得自己由于着急买房，并没有亲眼看到对方应该出示的该房屋产权证，感到有些不放心。随后沈先生带着这些顾虑，来到当地房产管理部门查询，才知道自己想购买的这套房屋并不能进行法定产权登记，由于是属于特殊性质的动迁房，在其性质未改变之前无法取得产权证书。

方知自己上当的沈先生找到房产中介公司和房主徐某，要求返还1万元定金，而对方却说当时已明确告知沈先生此房没有房产证，是沈先生执意要买，所以定金是不会返还的。无奈之下，沈先生诉至法院，认为被告有意隐瞒真实情况，将不能办理法定产权登记的特殊性质动迁房卖给自己，要求确认自己当初和徐某所签订的《房屋买卖定金协议书》无效，并要求徐某和房产中介公司双倍返还定金2万元。法院审理后作出判决：徐某和沈先生所签的所谓定金协议无效，卖房人徐某需返还沈先生定金1万元，房产中介公司则承担三分之一的补充赔偿责任。

上述案件从法律层面上讲，应根据《中华人民共和国城市房地产管理法》第38条之规定，未依法登记领取权属证书的房地产不得转让。因此，沈先生与徐某之间签订的《房屋买卖定金协议书》

因违反上述法律的强制性规定而无效。协议被确认无效后,依法不能适用定金罚则。也就是说,被告徐某应将基于该协议取得的1万元财产返还原告。另一被告房产中介公司在明知上述房屋不能合法转让交易的情形下,仍介绍给沈先生买受,明显存在一定过错,承担补充赔偿责任。

  此案提醒广大购房者应该在商品房买卖过程中应加强法律常识的学习,这样在购买房屋时才能预防可能存在的法律风险。首先,房屋购买人一定要先确定想要买的房屋属于哪类房屋,是否已经取得了房屋产权证或即将取得房产证,是否属于特殊性质而不能取得产权证。其次,双方所签订的合同条款要符合法律规定,违反法律强制性规定的合同条款无效。

瞒报房价为少交契税
属规避法律偷税行为

家住江苏省南通市的金先生在2001年取得了一间房屋的所有权证书。2002年,金先生就出售上述房产一事与买房者董某进行了协商,双方口头约定该房屋价值为84万元,为了少交二手房契税,双方私下商定在《房屋买卖合同》上把房价定为42万元,并约定董某先缴纳42万元,两年后给付剩余款项。次日,董某给付金先生购房款42万元,金先生当场出具一份收条,收条的内容为:收到董某购房款42万元整。当天下午,金先生将所出售的房屋钥匙交给了董某。然而,事情过了6年,董某向法院起诉,要求金先生协助其办理房产过户登记手续,却不提他当年与金先生的口头约定。

对于本案,法院审理后认为,董某与金先生购房协议依法成立。董某作为房屋的买受人,在取得房屋后有权要求出卖人金先生协助其办理房屋产权过户登记,故董某要求金先生协助过户的诉讼请求,于法有据,予以支持。通过庭审举证、质证、认证,及参考了房屋评估机构对该房的评估和6年来的涨幅,可查明双方当事人口头约定的房屋价款为84万元。为了"减轻"董某办理房屋产权证时应缴纳的契税额度,他们在书面协议上只将房屋价款写为42万元并约定交房当日付清,同时口头约定另42万元在两年后给付。现董某已给付42万元,尚欠42万元,依法应当给付。

近日,江苏省南通市中级人民法院终审判决这起房屋买卖合同纠纷案,法院判决被告金先生协助原告董某办理房屋产权过户登记手续,董某给付金先生购房款42万元,并按规定以84万元的购房款上缴契税。同时,法官对他们违反《中华人民共和国个人所得税法》的行为进行了严肃的批评教育,并严正指出,他们这种为少交契税而采取的规避法律行为就是一种违法行为。

需要说明的是，本案中的契税就是土地、房屋权属转移时向其承受者征收的一种税收，它是一种非常重要的地方税种。在土地、房屋交易的发生地，不管何人，只要所有权属转移，都要依法纳税。目前，契税已成为地方财政收入的主要来源之一。

上述案件中，尽管房屋的出售方金先生拿到了董某未支付的剩余房款，但这样的情况不能视为一种常态。在诉讼中，如果本案房屋评估价与书面约定价差距不大，仅凭证人证言就很难推翻董某的主张。因为，在诉讼中，证据是认定案情的根据。只有正确认定案情，才能正确适用法律，从而正确处理案件。顺便提一句，在我国的民事诉讼中，当事人对自己提出的主张，有举证责任。在本案中原、被告运用书面、口头约定不一的方式，降低应缴纳契税税额，本质上就是规避法律，应认定为偷税行为，依法应予纠正或处罚。

同时，不论是买方还是卖方在瞒报房价时都存在占小便宜吃大亏的风险，因为合同中存在虚假成分，一旦发生纠纷，很难保护双方的权益。首先，站在卖方角度看，双方共同签订的《房屋买卖合同》是具有法律效力的，如果买方事后赖账，凭合同上写明的低价付钱，卖方就会遭遇惨重的经济损失。然而，从买方角度看，也有"赔了夫人又折兵"的风险。

房屋买卖合同解除后
买方替交费用可索回

前不久,徐先生通过房地产中介公司准备购买黄某的一套二手房,双方在签订《房屋买卖合同》后,徐先生按合同约定向房屋所有人黄某支付了5万元订金、替黄某补交了前两年的物业管理费共计5470元。但就在徐先生准备搬家入住时,发现自己还要替黄某补交小区公共维修金8000元,这一点让徐先生很不满意。因为在签订的《房屋买卖合同》中并没有约定此条,他担心黄某是否还有一些关于这套房子的未交款项及其他事情在故意隐瞒着他,便决定解除与黄某签订的《房屋买卖合同》。

徐先生解除了和黄某签订的《房屋买卖合同》后,马上得到了对方退还自己当初所交的订金。可当自己向物业公司索要替黄某补交的那笔物业费时却遭到物业公司的拒绝,理由是这是作为业主应该缴纳的,不能退还。物业公司的答复让徐先生很为难,本来以为解除了《房屋买卖合同》就可以要回自己的钱,可没想到却是这种结果。

对于徐先生目前碰到的问题,应该按照《中华人民共和国合同法》第97条规定执行。合同解除后,尚未履行的终止履行;已经履行的,根据履行情况和合同性质,当事人可以要求恢复原状、采取其他补救措施,并有权要求赔偿损失。本案中徐先生在付清合同中规定的订金后,黄某有负责办理使用权转让的责任。就本案来讲,当事人双方所签订的《房屋买卖合同》解除后,法律后果之一是恢复原状。

因此,当徐先生和黄某解除房屋买卖合同关系后,徐先生有权要回物业费,但不是找物业公司,而是找黄某讨回。在本案中,虽然是徐先生把物业管理费交到物业公司,但此时只有黄某才是与物业公司合同的主体，徐先生和物业公司并没有合同关系，他的交费行为只是替黄某补交物业费。或者说，此时该房屋还未过户到徐先生名下，因此他交的物业管理费是替黄某补交的，也就是说，是以黄某名义缴纳的。所以，黄某应该退还给徐先生为自己补交的5470元物业费。如果黄某拒绝，徐先生可向当地人民法院提起诉讼。

　　上述案件反映，人们应当在房屋买卖过程中多注意了解卖房人应该缴纳的物业费、供暖费、卫星电视费、水费、垃圾清运费、公共维修金等费用是多少，以及缴纳情况。其中，小区的公共维修金是房主在当初买房时就应该缴纳的，所以在出售二手房的时候是不需要再重新缴纳的，如果当买方在交易时感到自己的权益受到侵害而协商无果时，可以通过法律途径来解决。

经济适用住房有规定
违规私下买卖属违法

北京丰台区的李某购买了一套经济适用住房,他刚入住一年多,因缺钱,就想把这套经济适用房卖掉。此时他认识了外地来京做生意的郑先生,两人一拍即合,私下签订《房屋买卖合同》。郑先生花了40万元从李某手中买下了这套两室一厅的经济适用房。不曾想到,刚住了两年多,郑先生便接到法院的腾房通知,要求其从此房搬出去。当郑先生拿着自己手中的房产证去应诉时,却发现法庭上同时有两张同样内容的房产证。那么为什么会有两张同样的房产证呢?

原来,李某看到现在房价比起两年前增长了一倍多,后悔当初把房子卖给郑先生时价格太低了。于是他谎称房产证丢失,去房管部门登记补办了新的房产证。然后到法院起诉,要求郑先生搬出去。

李某与郑先生私自买卖经济适用房的行为属于违法。因为经济适用房在我国属于有一定条件限制的流通物,也就是说它的买卖有着严格的条件限制。购买人必须符合国家有关部门规定的相关条件,并且在购买房屋后5年内不得出售,即使房主购买5年后要出售该房,房主也要按照国家规定缴纳土地出让金及相关税费后,才能上市交易。本案中,李某当初有资格购买经济适用房,但5年之内没有资格转让给他人。因此,李某的行为违反了《经济适用住房管理办法》第30条,购买经济适用住房不满5年,不得直接上市交易的相关规定。客观上也损害了社会公共利益,妨碍了其他符合购买经济适用房条件人的购买权。依据我国《民法通则》第55条之规定:民事法律行为不得违反法律或社会公共利益。该法第58条第5款还规定:违反法律或社会公共利益的民事行为无效。根据我国《合同法》第52条之规定：损害社会公共利益，违反法律、行政法规的强制性规定的合同无效。也就是说，李某和郑先生签订的《房屋买卖合同》属于无效合同，郑先生应该退出已经住了两年多的该套房屋。

李某在本案中应承担部分缔约过失责任。按照我国《合同法》规定，双方因为合同产生纠纷，要求对方承担责任的时候，有两种责任。一种是当事人一方不履行合同义务或者履行合同义务不符合约定的，应当承担继续履行、采取补救措施或者赔偿损失等违约责任，但前提是合同有效的情况下。另一种是指当事人缔结合同之际具有过失，从而导致合同不成立、被确认无效或被撤销时，使对方遭受损失而承担的法律责任叫缔约过失责任。在本案中，李某和郑先生所签订的《房屋买卖合同》是无效合同，因此适用于我国《民法通则》第61条第1款关于缔约过失责任的规定：民事行为被确认为无效或被撤销后，当事人因该行为取得的财产，应当返还给受损失的一方。有过错的一方应当赔偿对方因此所受的损失，双方都有过错的，应当各自承担相应的责任。

本案提醒想购买二手房的人，购买前应该做到：第一，在购房时，一定先要弄清该房屋的性质是什么，如果是经济适用房，是否还在禁止买卖的期限之内，如果已经超过期限，房主是否缴纳了国家有关部门规定的土地出让金等相关税费。第二，最好跟房屋管理部门或律师咨询自己将要签订的《房屋买卖合同》是否符合法律规定，以免上当受骗。

儿子瞒着父亲卖房屋
购房合同应该属无效

山东潍坊的陆某与父母同住，但其是个不孝之子。趁着父母外出旅游，把父母的这套自住房屋偷着卖给了刘先生。当陆大爷夫妇旅游完高高兴兴满载而归时，发现家里已经住进别人。购房者刘先生对陆大爷说："你的儿子在两天前以50万元的价格将这间房子卖给了我，我们双方已经签订了《房屋买卖合同》，我已把房款全部交给了你儿子，这套房子现在已经属于我们家的了。"陆大爷闻听目瞪口呆，自己明明是这所房子的所有人，《房产证》上清清楚楚地写着自己的名字。他并没有委托儿子卖掉此房，为什么儿子却能够瞒着自己把房子卖掉。按照国家有关房屋买卖的规定，没有房屋本人出面或者是以书面委托的形式是不能够买卖房屋的，种种疑惑在陆大爷脑海中呈现，这种买卖具有法律效力吗？

对于本案，第一，按照房屋买卖的时间来推定，是在陆大爷外出旅游的时间内，而且是在陆大爷完全不知情的情况下，也就是说用于买卖房屋的委托书上的签名不是陆大爷亲手签的，从法律上讲这份委托书是不具备法律效力的。

第二，陆大爷的儿子伪造委托书和身份证私自进行房屋买卖的行为，应根据我国《合同法》第48条之规定，"行为人没有代理权、超越代理权或者代理权终止后以被代理人名义订立的合同，未经被代理人追认，对被代理人不发生效力，由行为人承担责任"，也就是说卖房的委托书是假的，所以该房的买卖合同不能成立。

第三，还应根据《合同法》第51条之规定，"无处分权的人处分他人财产，经权利人追认或者无处分权的人订立合同后取得处分权的，该合同有效。"也就是说，陆大爷的儿子没有权利处分陆大爷名下的房产，如果陆大爷没有同意，他儿子的卖房行为便是无效。另根据该法第52条之规定，"违反法律、行政法规的强制性规定"的合同无效。陆大爷儿子伪造委托书的行为本身就已违法，所以合同也就属于无效合同。

  在这次房屋买卖过程中，购房者刘先生并不能分辨出陆大爷的儿子拿出的《委托书》是假的，因此在此案中不承担责任。此事件有过错的一方是陆大爷的儿子，如果陆大爷想要回房子，陆大爷的儿子就要退回刘先生的全部购房款，并赔偿购房者在这次违法交易中的损失。因为按照《合同法》第58条之规定，"合同无效或者被撤销后，因该合同取得的财产，应当予以返还；不能返还或者没有必要返还的，应当折价补偿。有过错的一方应当赔偿对方因此所受到的损失，双方都有过错的，应当各自承担相应的责任。"

善意变更产权引纠纷
艰难诉讼后房归原主

  为了小侄子将来能够就近上好学校,北京的邱女士将自己购买的房屋过户在哥哥名下,不想却因哥嫂离婚,这套本属于自己名下的房子突然遭遇了一场房屋产权纷争。邱女士一气之下将哥哥告上法庭,要求法院确认自己对该房屋的所有权。

  对于这起实属无奈的起诉,邱女士觉得自己很委屈。2002年邱女士购买了一套商品房。同年,哥哥主动找到她,表示因为她这套房屋附近有所教学质量比较好的小学,所以希望能够把自己孩子户口登记到她房子名下,以便日后能够在该校接受良好的教育。协商后,双方约定房屋归邱女士所有,房产证落在哥哥名下。之后,邱女士协助哥哥办理了手续。可是,天有不测风云,2008年哥嫂离婚了,在离婚诉讼中,嫂子将该房屋列为他们婚后的共同财产。邱女士认为这样的行为侵犯了自己的合法权益,故她起诉要求确认该房屋归自己所有。

  原本,邱先生从一开始就认可了邱女士的说法,并同意将房屋归还给妹妹邱女士。但由于该房子已经升值很多,作为案外第三人的嫂子马女士则一口咬定,房产证是在夫妻关系存续期间办理的,该房屋应属夫妻共同财产。对于邱先生与邱女士之间关于房屋产权的约定,马女士并不认可。她认为,他们三人之间只是债权债务关系,对邱女士支付的购房款等费用,自己可以适当给予补偿。

  需要说明的是,早在2002年,邱女士就与房地产开发公司签订了《商品房买卖合同》,随后她一次性缴纳了购房款。并于第二年从开发企业处接收了该房屋。自接收至今,该房屋一直由邱女士出租或居住,该房屋发生的物业费、采暖费等相关费用均由邱女士一人支付。但是在 2003 年，邱先生在邱女士的配合下，在为了让自己小孩能够接受更好的教育背景下，又与该开发企业签订了购买该房屋的《商品房买卖合同》。随后，房产管理部门填发了该房屋的产权证，登记的所有权人为邱先生。现邱先生与其孩子的户口均登记在该处。

邱女士经过艰难的诉讼，法院经过详细的调查了解，最终依据《物权法》和《城市房地产管理法》的相关规定，依法认定这套房屋归邱女士所有。但邱女士已经为确认本属于自己的房屋耗费了大量精力。她后悔因自己的好心招惹了这么多麻烦，甚至与亲哥哥对簿公堂。

本案可圈可点之处甚多，第一点，虽然邱先生后来又与开发企业签订了《商品房买卖合同》，且该房屋目前确实登记于邱先生名下，但其与前妻马女士自始至终既未出资购买、亦未实际使用过该房屋，更无证据证明其具有购买该房屋的真实意思表示。第二点，邱女士出资购买了诉争房屋，该房屋一直由邱女士出租或居住，其间发生的各种费用也均由其支付，充分证明邱女士是该房屋的实际产权人。第三点，邱氏兄妹更换房屋所有人的做法实属不当，不仅扰乱了房屋权属登记管理秩序，也导致了本案纠纷的产生。有关部门对此类案件不光要严厉查处，而且还应以本案为案例，警告其他有相似想法的房屋所有人，不要重蹈邱氏兄妹的覆辙。如果这种类似事情已经发生，请及时到有关部门予以纠正，以避免将来可能发生的法律纠纷。

房屋买卖纠纷有隐情
善意取得受法律保护

2008年10月,杨先生通过一家房屋中介公司从沈先生手中购买了一套二手商品房。当时,双方约定的房屋价格是180万元。在缴纳了房款和税费共计200多万元之后,房子的产权过户到了杨先生名下。然而不久,杨先生突然收到法院传票,有人向法院提起诉讼,要求确认杨先生与沈先生所签订的《房屋买卖合同》无效。原来,杨先生购买的这套房屋另有隐情,该房的产权是沈先生夫妻双方共有的,沈先生和妻子邵女士当时正在办理离婚事宜,沈先生卖这套房子,并没有征求邵女士意见。

为了讨回共有房产,2009年6月,邵女士将沈先生、购房人杨先生和该房屋中介公司诉至法院。邵女士认为,在其与沈先生未离婚时,该房屋属于夫妻共同财产,被告之间的买卖行为侵犯了其合法权益。根据《婚姻法》的规定,夫妻对共同所有的财产有平等的处理权。沈先生处分夫妻共有财产时,没有征得邵女士的同意,因此,沈先生侵害了邵女士的财产权利。据此,她希望法院确认沈先生与杨先生所签订的《房屋买卖合同》无效。

杨先生的律师则认为,自己的当事人买房时曾看过对方的房屋产权证,沈先生是该房屋唯一所有权人。同时,杨先生已经支付了全部房款,并已经过户。即使沈先生卖房时未告知其妻邵女士,杨先生的行为也属于善意取得沈先生出售的房屋,应该受到法律保护。

那么究竟何为善意取得呢?根据《物权法》第106条规定,无处分权人将不动产或者动产转让给受让人的,所有权人有权追回;除法律另有规定外,符合下列情形的,受让人取得该不动产或者动产的所有权:(一)受让人受让该不动产或者动产时是善意的;(二)以合理的价格转让;(三)转让的不动产或者动产依照法律规定应当登记的已经登记,不需要登记的已经交付给受让人。受让人依照前款规定取得不动产或者动产的所有权的,原所有权人有权向无处分权人请求赔偿损失。其中当事人善意取得其他物权的,参照前两款规定。

  在广泛的商品交换中,取得动产或不动产的当事人往往并不知道对方是否有权处分财产,也很难对市场出售的商品逐一调查。如果受让人善意取得财产后,根据转让人的无权处分行为而使交易无效,并让受让人返还财产,则不仅要推翻已经形成的财产关系,而且使当事人在从事交易活动时,随时担心买到的商品有可能要退还,这样就会造成当事人在交易时的不安全感,也不利于商品交换秩序的稳定。因此,善意取得制度是适应商品交换的需要而产生的一项法律制度。这项这项制度的确立是法制的不断完善,也体现了社会的一种进步。

为购房者延办房产证
中介公司违约应赔偿

上海市民金女士通过某房产中介公司的介绍,购买了一幢别墅,而房产中介公司承诺为金女士拿到房产证的期限却迟了一个月。为此,这家房产中介公司被金女士起诉至法院。

2007年9月1日,原告金女士作为买受人,通过被告房产中介公司介绍,与出卖人赵某签订了上海西郊一幢花园别墅的买卖合同,总价格为人民币1570万元,并约定在同年10月15日之前办理房产过户手续。房产中介公司在合同中承诺从签约当日算起三个月内拿到房产证,否则,延迟一天按总房款的5‰承担赔偿金。签约后,金女士向房产中介公司支付了佣金12万余元及首付房款480万元。然而,到同年11月底,被告房产中介公司承诺的拿证期限届满,金女士仍未拿到该房屋的房产证。

同年12月18日,该房产中介公司致函金女士称,由于银行无法贷给金女士70%的房贷,通知金女士再付10%的现金房款148万元。次日,金女士将该款汇入卖方指定的银行账号,买卖双方房产交接并去办理了房地产交易登记。2008年1月4日,金女士终于取得了房产证,然而,距房产中介公司承诺的期限迟了一个多月。为此,金女士便将房产中介公司起诉至法院,要求被告按照合同约定赔付。

被告对于自己延期办理房产证的行为解释为,是金女士个人原因才导致贷款未能及时办理,自己在履行合同时没有任何损害原告权利的行为,故不同意原告的诉求。近日,上海市南汇区人民法院对这起合同纠纷案作出一审判决,被告上海某房产中介公司在这起纠纷中违约,是有过错的一方,鉴于未对原告造成重大经济财产损失,故判决被告应给付原告金女士违约金人民币40

万元。

本案中被告作为专业的房产中介机构,在履行合同时向原告金女士收取了房屋买卖中介费,并在自己指定合作的银行办理贷款。然而,被告房产中介公司未积极地履行其和金女士所签订的合同义务,这是导致原告延期取得房产证的主要原因,显然属于违约行为。同时,双方约定的赔偿金,是被告为促成交易成功而为此作出的担保,属违约金的法律性质,故被告应当支付原告相应违约金。

对于双方共同签订的《房屋买卖合同》来说,合同的目的在于双方当事人实现财产所有权的转移,这也是买卖合同与其他合同的根本区别。对于《商品房买卖合同》,如果一方当事人延迟办理房产证的违约行为致使另一方获得房屋所有权的合同最根本的目的难以实现,便构成了《合同法》所规定的根本违约。因此,被告必须承担相应的法律责任,按约定赔偿原告损失。

买房未达到法定要件
中介公司有过错担责

北京市海淀区的张先生通过房产中介公司与某房屋所有人华女士签订了一份《房屋买卖合同》，按照此合同，张某付给华女士30万元首付款，在支付房产中介公司3万元中介服务费后一个月内，华女士将所售房屋交付张先生使用。谁知天有不测风云，该合同签订后不到半个月，华女士就突发疾病而去世。华女士的儿子以此房屋是自己应该继承的遗产为由，不同意房屋买卖。张先生因此便将华女士儿子小李和房产中介公司一起告上法庭，要求华女士家属返还首付款及利息，要求房产中介公司返还中介服务费。

华女士的儿子小李说，《房屋买卖合同》无法履行是因为自己当初就不同意母亲卖掉此房屋，也曾向中介公司表明过这一态度。但由于拗不过母亲，便不再反对母亲的做法。而房产中介公司知道这一情况后，还继续积极协助张先生与华女士签订了《房屋买卖合同》，因此房产中介公司对此应承担相应的法律责任。现在，此房屋中有遗产部分，自己作为继承人不同意出售此房屋。房产中介公司则称，买卖双方已签订了《房屋买卖合同》，至于该合同未履行完，是由于特殊原因所导致。对小李提到的其最初不同意出售此房，房产中介公司予以认可，但表示在签订买卖合同时曾向购房人张先生说明过这一情况，并未引起张先生重视。

本案中，房产中介公司明知此房在是否应该出售问题上，母子有不同意见，可能会招致麻烦，仍有意促成张先生与华女士签订《房屋买卖合同》，这种情况下签订的合同应属于无效合同。虽然造成该合同无效各方均存在过错。但是，房产中介公司作为居间公司在明知介绍的房屋存在瑕疵时，还积极促成张先生与华女士签订合同,应承担主要责任。

由于《房屋买卖合同》是要式合同,即签订的买卖合同需到相关部门办理登记备案手续后方能生效。在此案中,因卖方华女士突然去世使得本次交易过程不能继续,所以签订的买卖合同因无法达到法定要件而归于无效;根据我国《合同法》第58条之规定:"合同无效或者被撤销后,因该合同取得的财产,应当予以返还;不能返还或者没有必要返还的,应当折价补偿。有过错的一方应当赔偿对方因此所受到的损失,双方都有过错的,应当各自承担相应的责任。"

因此,张先生有权要求房产中介公司退还服务费,华女士儿子小李在其继承的遗产中,也包括张先生给付的购买该房的首付款,其应负有代为返还张先生的义务。

中介公司恶意抬房价属非法赚取差额行为

北京的司徒先生从一家房地产中介公司购买了一套二手房。几个月后他因为在房子过户中的某些细节需要沟通，经多方打听联系到原房主。这时他才突然发现，自己这套房子成交价和当初房主与房产中介公司商定的价格有10万元的出入，遂怀疑房产中介公司擅自加价10万元后出售给自己。司徒先生认为，房产中介公司作为专业的房地产经纪公司，在提供房屋买卖服务过程中故意吃差价，违反诚实信用原则及相关法律规定。为此，司徒先生在掌握证据的情况下，将这家房产中介公司告上法庭。

对于大部分二手房买卖双方来说，彼此以前可能并不认识，多是通过房产中介公司从中牵线搭桥的。然而，有少数缺乏职业道德的房产中介公司抓住了这一特点，有的故意不让双方在交易过程中见面，恶意抬高房价，这样一旦成交，不仅多赚佣金，而且扰乱了正常的房地产交易程序和房地产业的发展，此种做法现已成为房产中介市场公开的秘密。

房地产中介公司作为从事房地产经纪的机构，应当遵守法律法规，遵循平等、自愿、公平和诚实信用的原则。《中国房地产经纪执业规则》第6条规定："房地产经纪机构、房地产经纪人员应当勤勉尽责，以向委托人提供规范、优质、高效的专业服务为宗旨，以促成合法、安全、公平的房地产交易为使命。"在其作为房产中介公司代理房屋买卖过程中，以合法、诚信为前提，协助买卖双方签订《房屋买卖合同》，按规定标准收取费用，不得擅自提高房价，非法多赚差价。上述房地产中介公司擅自在房价上添加10万元，已构成非法赚取差额的行为。《中国房地产经纪执业规则》第27条规定，房地产经纪机构收取佣金不得违反国家法律法规，不得谋取委托协议约定以外的非法收益，不得以低价购进（租赁）、高价售出（转租）等方式赚取差价，不得利用虚假信息多收中介费，违法收取服务费、看房费等费用。不良房产中介公司的这种行为不但违法，而且扰乱了房地产经纪行业健康有序的发展。在此案中，房产中介公司主动要求调解，退回多收的购房款和多收的中介服务费，并对司徒先生作出补偿。尽管如此，该中介公司还是受到有关部门的批评和警告，相关责任人受到严肃处理。

购房人在选购二手房时，应该选择正规的有良好声誉的房地产中介机构，并且在交易的整个过程中，买卖双方一定要当面沟通。同时，如有一方称是委托人出面，那必须提供具有法律效力的委托书为证，并且一定要查看房产证原件，必要时还可到房管局核实房东的房产证、身份证、户口本等证件。

中介公司挪用客户款
应予处罚并加强监督

北京市市民李先生近日打算购买一套二手房，经过房产中介公司的介绍，认识了卖房人夏侯先生。李先生在与夏侯先生洽谈房屋买卖事宜时，出于省力省时的考虑，请房产中介公司帮助其办理二手房银行贷款，房产中介公司随即答应了李先生的要求。可是直到夏侯先生将房屋的钥匙交给李先生，李先生搬进房屋时，房产中介公司仍然没有将购房款交给夏侯先生。经过李先生和夏侯先生的调查发现，原来银行早已放贷，但是这家房产中介公司却将这笔贷款挪作他用。夏侯先生以中介公司挪用客户房款及贷款，将其起诉至当地人民法院，要求中介公司尽快还款并赔偿损失。

这是一起典型的房产中介公司非法挪用业主售房款的案件，这种情况不仅在北京，在全国其他地方也不同程度地存在着。近年来，一些地方出现了多起房地产中介公司"卷款逃跑"的恶性事件。如2005年安徽出现的"桃园事件"、2006年的天津"汇众事件"等，这些事件起因多是由于不法房地产中介公司擅自挪用客户的售房款用作他途所致，例如市场发生变化，使得他们挪用购房户的房款资金不能顺利回笼，出现了资金链的断裂，从而引发了"卷款逃跑"事件的发生。当然也有一些恶意圈钱图钱的不法者以此诈骗钱财。

很多业主在买卖二手房时都是通过房地产中介公司交易的，这就形成了房地产中介公司在交易过程中的桥梁和纽带作用。按照目前的二手房买卖交易程序，一般是由买房人先将买房定金或全款存入房地产中介公司，待更名过户、办理产权证完毕后，房地产中介公司再将房款转给卖房人。在整个办理过程中，买卖双方在很长一段时间内将大量的资金放在房地产中介公司。由于业主和房地产中介公司在签订合同和办理按揭贷款等一系列手续时信息不对等，致使无论是卖房人还是买房人，都无法对这笔资金进行有效监管。

我国《民法通则》、《合同法》以及2004年国家工商行政管理总局出台的《经纪人管理办法》等法律法规中都涉及关于房屋中介机构的法律规定。然而，这些法律法规中对于中介行业对这笔巨款的保存、使用和管理工作等具体问题针对性较弱。因此，房产中介公司是否利用流过手中的钱款牟利，全凭自觉。

北京市建委2007年3月19日颁布、当年4月15日试行的《北京市存量房交易结算资金账户管理暂行规定》中明确规定，房地产中介公司必须通过商业银行设立客户交易结算资金专用账户来划转双方交易资金。不能像过去一样将买房者的资金存入自己的账户。而且，专用账户上的资金不能提现，只能用于交易资金划转。出台这个规定就是为了防范二手房交易中存在的资金风险。

我国二手房市场目前虽然很活跃，却还很不规范。但在商品房交易过程中，谁背离了依法经营这一"规则"，谁就要承担相应的法律责任。同时，此案提醒售房者要增强法律意识，选择并依托讲诚信的房地产中介公司。一旦发现问题，要依法维护自身的合法权益，方能保护房屋所有人及购买人双方的合法权益。

确认单不具法律意义
格式条款属无效条款

家住北京市西城区的侯小姐最近看中某房产中介公司推荐、李女士正想出售的一套二手房。侯小姐与该房产中介公司签订了《看房确认单》。该确认单约定"由该公司协助其购买李女士的房屋,购房成功后,侯小姐按房款3%支付该公司中介服务费。"其后,该公司员工带领侯小姐实地察看了李女士的房屋,侯小姐表示再考虑考虑。其后便没有了下文,这种情况在二手房交易过程中是常见的。但这家中介公司很快便得知,侯小姐已经通过另一家房产中介公司买下了李女士的房屋,且房屋成交价格和中介费用都低一些。为此,前一家房产中介公司派人找到侯小姐,说明其购买李女士的房子是由于自己的中介公司提供了该房信息,希望侯小姐能按照《看房确认单》中的约定支付本公司中介费。遭拒绝后,中介公司便将侯小姐起诉到当地人民法院,要求侯小姐按照当初签订的《看房确认单》支付中介费。

《看房确认单》是房产中介公司为防止买卖双方私下"跳单"拟定的,如今它已"变质"成为某些不法房产中介公司垄断房源的工具。很多房产中介公司在带客户看房后,均要求客户填写《看房确认单》,上面明确了房产经纪人陪客户在某一时间看了某套二手房,客户将来如果绕开本公司与房主私下买卖该房屋,将承担法律责任等。这种《看房确认单》对看房人与房产中介公司有何法律意义呢?

《看房确认单》的出现可以说为防止"跳单"的行为起到了立竿见影的效果。因为根据上面的条款,看房人在签订《看房确认单》后,即意味着其所看的二手房必须经由这家房产中介公司成交,如被发现其与房主私下交易,则须赔偿中介公司一定比例的违约金或全额中介佣金。房产中介公司和买房人签订的看房确认单是格式合同。《中华人民共和国合同法》规定，如果订立合同条款的一方，有限制对方权利、加重对方责任或免除自身责任的条款，就属于不公平、不合理、不合法的格式条款，应当属于无效。

法院经过审理此案，驳回了原告房产中介公司的诉讼请求。法院认为，尽管该公司与侯小姐签订了《看房确认单》，侯小姐也接受了对方提供的部分服务，但该公司并未促成这起交易，主要原因是他们提出的房价和约定的中介费用都高于后来促成这笔交易的第二家中介公司。第二家中介公司和侯小姐由于在与房主协商中降低了房屋价格，并以较低的中介费用终于促成了这笔房产交易。此外，相关法律并未禁止房主可委托多家中介公司代售房屋，因此该公司诉讼请求不能成立。

关于房产中介公司服务费的收取比例一般由双方自行约定，如果同一套二手房在不同中介公司同时挂出了代售信息，且销售价格相同，购房者可以根据收取中介费情况的比例多少和服务的优劣，自行选择合适的房产中介公司。部分未促成交易的中介公司借机收取所谓的看房费、信息费是没有法律依据的，购房者有权拒绝。

签订合同却不愿交房
家庭矛盾不影响合同

北京的赵小姐用多年的积蓄购买一套二手房。然而，房款交齐了，房产证也更名过户了，可卖房人高女士却不肯交房。赵小姐多次与卖房人交涉未果后，准备向人民法院提起诉讼以维护自己的合法权益。

事情起因：赵小姐在自家附近看到了一则二手房出售信息。经过多次看房，她对高女士所持有房屋的价格和朝向等条件都比较满意。经过协商，双方在签订的《商品房买卖合同》中约定：房屋总价为98万元，由赵小姐先交2万元定金，房屋产权过户时再交余款。同时还约定房主高女士在收到定金后1个月内办好交房手续。随后，双方便按照约定办理各种二手房买卖手续，在房屋产权证过户后，赵小姐补齐了余款。

到了交房日期，房主高女士却未能按照合同约定交房，理由是收取的房款被高女士的丈夫拿去做生意，至今下落不明。高女士表示如果现在交房，自己便没有住处，因此不具备交房条件。

在这起赵小姐与高女士的房屋买卖纠纷中，房产交易行为已经按照合同约定完成。作为买方赵小姐不仅交付了全部房款，买卖双方还办理了物权转移手续。在物权已经转移的情况下，卖房人高女士以任何理由拒不交房都属违约行为。按照我国《物权法》的规定，物权转移是以登记为要件的，也就是说，房屋在合理合法的范围内过户后，该房屋产权已经由卖主高女士的名下转移到了买主赵小姐名下。换句话说，该房屋目前已经归赵小姐所有。如果卖主即原房主高女士拒不交房，赵小姐可以通过司法途径维护自己的合法权益不受侵害。

另外从社会道德的角度看，高女士的行为违反了我国《民法通则》第4条规定："民事活动应当遵循自愿、平等、等价有偿、诚实信用原则。"从法律角度讲高女士的行为已属违约,涉嫌非法侵占他人财产。按照我国《合同法》的规定,高女士应该继续履行合同约定,将房屋交付给赵小姐,否则就要承担违约责任。高女士称卖房的钱款被其丈夫拿走作为故不交房的理由是不占理也不合法的,这种情况即使存在也只是高女士与其丈夫的家庭内部矛盾,不能作为拒不交房的借口,不会获得法律支持。而且,高女士如继续拖延时间不交房,赵小姐一旦起诉,法院不但会依法判决高女士将这套房子交给赵小姐,还会判决高女士赔偿赵小姐的相关损失,包括迟迟不能交房带给赵小姐的损失。

协议书不能取代合同
谨防其中不平等条款

2009年3月28日,北京市宣武区的刘女士在房产中介公司看好了一套二手房,房主出价87万元。刘女士问询房产中介公司,如果降价到80万元,自己便可以考虑买下。房产中介公司负责人表示愿意为她向房主讲价,但前提是必须签订《房地产买卖意向协议书》。刘女士签完后缴纳了5000元现金作为"意向金"。当晚,刘女士仔细核算了自己资金情况,发现自己尚无能力购买此房。次日,房产中介公司便打来电话说卖主已同意以80万元出让。而刘女士表示自己目前尚无能力购买,希望解除协议,但房产中介公司则表示拒绝。

为此,刘女士表示,在《房地产买卖意向协议书》中只强调了自己的责任,却没有提及自己应该享受哪些合法权益。也就是说,签了协议后,刘女士除了买房和缴纳意向金以外没有别的选择。刘女士咨询了律师后认为,此《协议书》中有很多不利于自己的"不平等条款"。如果房产中介公司不退回自己的意向金,将向法院提起诉讼,维护自己的合法权益。

在二手房买卖中,由于房产中介公司在中介服务中存在着一些不规范操作,因此在一定程度上干扰了二手房市场的正常秩序,随之引发民事纠纷已是司空见惯。有的房产中介公司不愿与买方签订正式的买卖合同,他们往往采用签订《房地产买卖意向协议书》的方式,要求买方缴纳一定数额的"意向金"以示购买诚意。房地产中介公司一旦收到该笔费用后都会利用它牵制委托人,即使这桩房产交易不成,他们也可以用种种理由拒绝退还"意向金"。

现实生活中,房产中介公司与购房者签订《房地产买卖意向协议书》并无不可，此"书"也只是"意向"而已，如果以此取代正式的《居间合同》，就属违约。《中华人民共和国合同法》第420条规定："居间合同是居间人向委托人报告订立合同机会或提供订立合同的媒介服务，委托人支付报酬的合同。"在房屋中介合同中，房产中介公司只有在房屋买卖合同成立后，才可以向买卖双方收取佣金。

依据《中华人民共和国民法通则》第 4 条之规定，民事活动应当遵循自愿、公平、等价有偿、诚实信用的原则。居间合同设立是房产中介公司和委托人刘女士之间的权利义务关系，因此不能对委托人规定必须签订购房合同。如果在合同中有减轻或者免除房产中介公司义务的格式条款就是无效的。购房者在签订购房协议时，应该注意"不平等条款"，因其主要出现在房地产买卖合同中的补充协议和附加协议里，购房者需对这些补充协议认真阅读，谨防误导。如本文所讲的刘女士还没有核算好自己是否有能力购买房子，便稀里糊涂的与中介公司签了《协议书》，交了"意向金"。其后为维权、为要回钱，颇费周折，几乎要与房产中介公司对簿公堂，确实耗时费神。

二手房买后发现瑕疵
寻证据积极依法维权

徐先生最近在北京西二环附近购买了一套二手房，入住后不久，他便发现房子的浴室地漏经常发生堵塞现象。经小区物业公司维修人员介绍才得知，这是前任房主苟先生擅自改变卫生间内下水管道的铺设线路所致。如要彻底解决问题，必须将其挖开重新铺设管道，这个工程量还不算小。徐先生为此找到前任房主苟先生，可是苟先生却一口咬定当初徐先生在买房看房时没有提出这些意见，表明他已经默认接受了现实，所以拒绝赔偿。

徐先生碰到的问题，是典型的"二手房"买卖关系中因房屋质量问题引发的纠纷。比较受人青睐的二手房一般都具备价格低、地段优、配套设施相对完善等优势。但自然损耗和人为损害却直接影响着二手房的使用价值。而这些不利的方面往往都是在购房者入住后才能发现，由此引发买家因为房屋质量状况问题要求赔偿的纠纷时有所闻。卫生间下水管道铺设属于装修过程中的隐蔽工程，徐先生在购房时无法通过肉眼直接察觉，因此徐先生没有过错。而前任房主苟先生在装修过程中擅自改变下水管道线路，在明知卫生间下水不通畅的情况，没有明确告知购房人徐先生，已经构成故意隐瞒行为，因此应当承担相应赔偿责任。在二手房买卖过程中，出卖人是否需要承担质量瑕疵担保责任，主要考察卖房人是否故意隐瞒和购房人是否明知质量瑕疵而不说。

根据我国《合同法》及相关法律规定，买卖合同的出卖人应就买卖标的物向买受人承担质量瑕疵担保责任。对于出卖人故意隐瞒房屋质量瑕疵的，应承担赔偿责任。对于出卖人已如实告知瑕疵或买受人已明知瑕疵而无异议的，则出卖人不承担责任。对于房屋的隐瞒瑕疵，如并非徐先生在装潢、使用过程中所产生，而系房屋本身所固有的，若没有证据证明出售一方对此是知晓的，出卖人亦不承担瑕疵担保责任。本案中，徐先生要追究前房主苟先生的民事责任，就要有证据证明前任业主苟先生擅自改变下水管道的铺设而造成堵塞，其对此是知晓的，并对徐先生作了隐瞒，有了这样的证据，徐先生可以通过法律诉讼途径解决。

　　当然，如果购房者发现房屋具有重大质量问题，影响居住者人身安全的，可以要求解除房屋买卖合同。此外，还要分析隐蔽质量瑕疵的形成原因。本案中隐蔽质量瑕疵并非房屋本身所固有，而是因为前任房主在装修过程中产生，购房人徐先生对此也不知情，因此该房屋的这种质量问题应该由房屋出卖人苟先生承担维修或赔偿责任。

以房作抵押必须登记
流押契约是无效条款

2007年8月,杨先生以经商需要而资金短缺为由,用自己的一套价值百万元的房屋作抵押向高女士借款30万元。一年后,高女士到杨先生公司讨要自己的钱款时,发现已是人去楼空。多方寻找,杳无音讯,无奈下,高女士一纸诉状将杨先生告上法院。

开庭时,由于被告没有到场,法院作出了缺席判决。判决杨先生偿还高女士钱款以及利息,但对高女士要求由她卖掉杨先生抵押的房屋全部用来偿还给自己的诉求没有支持。

在这里需要说明的是,根据《中华人民共和国担保法》第41条之规定,以房屋作为抵押的,必须要进行抵押登记。而高女士与杨先生签订的房屋抵押合同并没有进行抵押登记,因此也就不具备法律效力。然而,根据优先受偿权定义,在判决生效后,法院可以将抵押的房屋进行拍卖,所得款项要先偿还高女士。

随后,在法院拍卖房屋的过程中发现,杨先生抵押给高女士的房屋产权证是假的。经过一番周折,才找到真的房产证,而真的房产证在另外一个人——赵某手里,赵某手中的房产证是真实的,上面写的是杨先生名字。经查证,杨先生与赵某之间并不是因为买卖关系而过户房产,而是因为杨先生向赵某借了一笔钱,并通过承诺书的方式,将自己的真房产证抵押给赵某。杨先生在承诺书中写到,如果自己在某年某月到期未还赵某钱款,愿将自己房屋过户于赵某,现将房产证抵押在赵某处。

这种承诺书的方式在以前被称为"流押契约",或曰"抵押物代偿条款",是我国法律所不允许的。所谓流押契约,是指抵押权人和抵押人在订立合同中约定如果在债务履行期届满抵押权人未受清偿时,抵押物的所有权转移为债权人所有。我国《担保法》

之所以禁止流押契约，最主要的目的就是为了防止国有资产流失。在我国国有经济占主导地位的情形下，市场经济活动的主体中国有企业也是占据相当大的比例，以国有资产抵押的情形极为普遍，而在流押契约中只要债务人不能清偿债务抵押物所有权就归属于债权人，对抵押物不需要进行任何评估。因此，如果允许流押契约也就意味着，一些人尤其是那些国企的领导人可以利用这种手段逃避国有资产管理部门对国有资产的监管，从而造成国有资产的大量流失。根据我国《担保法》第40条之规定，订立抵押合同时抵押权人和抵押人在签订合同中，不得约定在债务履行期届满抵押权人未受清偿时，抵押物的所有权转移为债权人所有。因此，当事人在抵押合同中约定，债务履行期届满抵押权人未受清偿时，抵押物的所有权转移为债权人所有的内容无效。同时，根据我国《物权法》第186条之规定，抵押权人在债务履行期届满前，不得与抵押人约定债务人不履行到期债务时抵押财产归债权人所有。

综上所述，赵某与杨先生订立的承诺书属于典型的"流押契约"条款，在法律上是无效条款。依据我国法律中规定的"优先受偿权"原则，高女士作为债权人已经先于赵某向法院申请拍卖或变卖杨先生的这所房屋，应从价款中优先受偿。

小产权房属于无产权
想购买者需慎之又慎

笔者周末到北京通州看望朋友，一走出城铁站，就看到很多售楼人员在发放小广告，广告词中最显眼的就是低廉的楼盘价位。笔者好奇地问售楼人员，购买这样便宜的楼房有产权证吗？得到的答案是"有"，是村委会发的。当看到笔者有些犹豫时，售楼人员连忙解释说，这种由村委会颁发产权证的房子叫小产权房，如果想买只能一次性付清购房款。虽然只有50年的使用权，但到了期限还可以和乡政府续签。尽管这些楼盘没有土地所有权，购房也不能贷款，可是由于房价较低，很多购房者还是趋之若鹜。

乍看上去，似乎小产权房比大产权房在价格上要划算很多，可事实并不是这样。所谓大产权房就是购房者从正规渠道购买的商品房，要和开发企业签订购房合同，到政府房管部门备案，最后能领到房产证。而小产权房往往是一些乡、村在农村集体土地上盖的房子，它没有产权，因为它没有向国家缴纳土地出让金等税费，更没有政府有关部门颁发的土地使用证和预售许可证，这类房子实际上并没有真正意义上的产权。这种无产权保障，不具有房屋的所有、转让、处分、收益等权利，且不能办理房屋的产权过户手续，这给购房者将来居住或者处置都留下严重隐患，但由于其价钱低廉，一般情况下质量也无大问题，这种"小产权"房依然受购房者青睐。

小产权房占用的是农村集体土地，我国现行法律明文规定，这类土地只能用于农业生产或者作为农民的宅基地，土地使用权不得出让、转让或者出租用于非农业建设，因为它没有产权，更没有国家的土地使用证和预售许可证，因此小产权就是没有法律意义上的产权。《中华人民共和国土地管理法》第63条明确规定：

"农民集体所有的土地的使用权不得出让、转让或者出租用于非农业建设;但是,符合土地利用总体规划并依法取得建设用地的企业,因破产、兼并等情形致使土地使用权依法发生转移的除外。"因此,农村宅基地属集体所有,村民对宅基地只有使用权,农民将房屋卖给城市居民的买卖行为不受法律保护,不能办理土地使用证、房产证、契税证等合法手续。在《中华人民共和国土地管理法》第76条还有进一步的明确规定:

"无权批准征收、使用土地的单位或者个人非法批准占用土地的,超越批准权限非法批准占用土地的,不按照土地利用总体规划确定的用途批准用地的,或者违反法律规定的程序批准占用、征收土地的,其批准文件无效,对非法批准征收、使用土地的直接负责的主管人员和其他直接责任人员,依法给予行政处分;构成犯罪的,依法追究刑事责任。非法批准、使用的土地应当收回,有关当事人拒不归还的,以非法占用土地论处。

非法批准征收、使用土地,对当事人造成损失的,依法应当承担赔偿责任。"

仅从这两条就可以认定,一些地方欲盖弥彰地大搞对外热销的所谓"小产权"房,从根本上讲是不受国家法律保护的,并没有真正意义上的产权。

建设部曾经发布买房风险提示,特别提醒城市居民不要购买在农村集体土地上建造的房屋,否则将无法办理房屋产权登记,合法权益难以得到保护,有些在农用土地上建造房屋的开发企业允诺办理的"小产权",不符合法律规定,不受法律保护。面对那些价格便宜的小产权房,消费者应该多加提防,切莫贪图价钱便宜,而给今后带来麻烦和隐患。

购买农民住宅办工厂
其权益不受法律保护

韩先生想办个小规模的汽车零件加工厂，为了节约成本，他在北京市密云县购置了一处村民住宅，改造后开办了工厂。经过9年的努力，这个小厂生意红火了。可是让韩先生没有想到的是，当初卖房的村民老马看到自己原先的老宅现在被韩先生经营得很赚钱，于是便有些后悔，想把房子要回去。时隔9年，这卖出的房屋还能要回去吗？

卖方说，买方没有合理合法的手续。买方说，这套房子的买卖是你愿意卖我愿意买，大家签了协议的。1998年6月，买方韩先生和卖方老马签订协议，经过村里大队盖章证明，以16000元购买了老马家闲置的旧住宅，应该算是符合一定程序的手续。但既然不是强买强卖，老马一家怎么能出尔反尔呢？韩先生拒绝了老马的要求。为了把9年前卖出的房子要回来，老马把韩先生告上法院。要求法院判定房屋买卖无效，并让韩先生限期腾出房屋。

根据我国《土地管理法》第8条之规定，城市市区的土地属于国家所有。农村和城市郊区的土地，除由法律规定属于国家所有的以外，属于农民集体所有；宅基地和自留地、自留山，属于农民集体所有。根据该法的第63条之规定，宅基地属于农民集体所有，农民集体所有的土地使用权不得私自出让、转让或者出租用于非农业建设。从以上的法律规定可以看出，农村宅基地属集体所有，村民对宅基地的使用权是不能转让的。同时根据"房地一体主义"，村民宅基地上附着的房屋的所有权也是不能转让的。因此，农民将房屋卖给城市居民的买卖行为不受法律保护，即不能办理土地使用证、房产证、契税证等合法手续。在此案中，该村村委会主要负责人明知道这种情况属违法行为，不但不加阻拦，反而为其开具证明,是一种知法违法的行为,理应受到批评教育甚至处罚。

对这起城市居民购买农民住宅办厂的案件,法院经过审理后依法作出判决,当初韩先生与老马签订的《房屋买卖合同》因违反《土地管理法》的规定而无效,在判决生效后1个月内返还房屋院落。宅基地是具有身份性的,只有本集体经济组织成员,才能依法享有这个宅基地的使用权。另外法院判决老马一家返还当年韩先生支付的购房款,并支付韩先生投入的房屋维修建造费5万余元。

按照国务院关于《深化改革严格土地管理的决定》之规定,加强农村宅基地管理,禁止城镇居民在农村购置宅基地,这是不容置疑的。那些已经在农村购买了农民宅基地(无论是自己居住还是办厂)的城镇居民,可能已经拿到了村里或乡里出具的所谓"产权证",就是人们俗称的"小产权",以为具备了真正的产权,这是幼稚的、错误的、不懂法的想法。这种所谓的小"产权证"并不能说明购买者已经拥有了国家法律意义上的产权。房屋出售者、购买者都没有、也不可能有国家颁发的土地使用证,国土房管部门也不会给这种购房合同备案。一旦出售房屋的农民出尔反尔,或国家进行建设开发而征用"小产权房"所使用的土地及其设施占用的地块,购买者的权益很难受到国家法律的保护。

住宅中又建房为出租
房中房问题不容忽视

笔者陪朋友去一家房产中介公司租房，当工作人员陪着去看房时发现，这间90平方米的两居室内已被房东改造得面目全非，他擅自把两居室改成四居室。更加令人触目惊心的是，由于改造，原来的钢筋水泥承重隔墙已被拆除，取而代之的是厚度不超过3厘米的木板做隔离墙。四间用木板隔离的屋子中间穿插着一条窄窄的过道，由于带窗户屋子都被木板隔成一个一个单间，这让本来宽敞明亮的居室显得很阴暗，而且地板的墙角处挂着各种电线。我们怀疑这里的安全问题，工作人员却信誓旦旦地说，现在的房子很多都是这样改的，房东的目的就是为了多收租金，说话间房产中介公司工作人员的电话频繁响起，听得出都是想租房子的。

目前这种业主将一套房违规分隔成多套，以赚取更多租金的"房中房"的现象，在北京、上海、广州等房价过高的大城市中较为突出。这些房东擅自把一居室改成多个居室，把原来的一厨一厕改成多厨多厕，把没有做过防水处理的房间或阳台改为卫生间、厨房，埋下了消防安全、楼宇安全、环境卫生、邻里纠纷等诸多隐患。对租房者而言，租赁擅自改建的"房中房"，由此衍生出的消防、治安、居住环境等问题很令人担心。

建设部颁布并于2002年5月1日开始实施的《住宅室内装饰装修管理办法》第7章第38条规定，将没有防水要求的房间或者阳台改为卫生间、厨房的，由城市房地产行政主管部门责令改正，并处罚款。现在已经出台的相关管理办法中，执法部门对擅自改造房中房行为所作的处罚是"处500元以上1000元以下的罚款"。这个罚款数目比一个套间一个月的租金都要少，因此，使唯利是图的改造房屋者有恃无恐。

另据建设部此前修改并于2001年8月15日施行的《城市异产毗连房屋管理规定》第八条,"一方所有人如需改变共有部位的外形或结构时,除须经城市规划部门批准外,还须征得其他所有人的书面同意"的规定,申请人应征得相邻房屋人,包括受影响的楼上、楼下、左邻右舍的业主书面同意,以及规划部门和当地街道、居委会出具意见后,才能到房管部门办理房屋分割的登记,然后方允许进行房屋分割。

现在,无论是出于房屋质量或是安全考虑,依法查处违规"房中房"都显得刻不容缓,有关部门应该加强房屋租赁管理,对存在违法改建、装修的房屋,一律不予登记备案,亦不允许对外出租。对安全隐患大、邻居反映强烈的违法装修(改建)房屋,应该责令有关当事人限期改正。虽然查处违法改建的"房中房"比较困难,因为取证是一大关键,业主往往拒绝和故意回避,而相关部门并没有强行入屋取证的执法权。同时,这个问题涉及国土、房管、建设、规划、公安等多个部门,目前尚无明确的协调机制,这也是"房中房"问题愈演愈烈的主要原因之一。但是,这一违法问题如不予以认真治理,将对人民的生命财产安全构成威胁,并对房地产业健康发展造成极大危害。有关部门应该防患于未然,尽快建立定期联合普查房屋制,发现问题及时纠正或依法处理。租房者应该看到这类房子存在的危害和事故隐患,切莫贪图便宜,以防不测事件发生。

住宅养猫繁殖为赚钱
周围邻居有权利说不

北京某住宅小区的一套三居室住房被人租用,但租用者只住一间,其他两间养殖着数十只猫,他在房屋内养猫繁殖销售赚钱。数十只猫的臊臭味引起了周围邻居的极大不满,业主们纷纷指责这种将人居住宅当作动物饲养场的不道德行为,物业公司对此也很不满,但他们却一时找不到适合的法律法规依据撵走这些猫和猫的主人。近几年,围绕居民住宅的"商住"问题所引发的投诉及纠纷呈逐年增长之势。有的小区住宅商用的比例超过3成甚至更高,随之而来的矛盾及导致司法诉讼成为目前关注的焦点。

对这种住宅商用问题,如果不依法管理,不但会影响到周围居民的生活,也成为构建和谐社会中的不和谐音符。那么,住宅商用是否违法呢?关键问题是,住宅楼能否作为经营场所。在我国现行法律中还没有对"住宅商用"设置禁止性的条款,我国《公司法》的条文中,没有明确公司的所在范围,而只是笼统的规定"有公司住所"。在《中华人民共和国公司登记管理条例》中关于公司的登记事项也仅仅是指出要有"住所"。在办理工商登记时,对公司的所在地没有特别要求。

目前对"住宅商用"是禁是放各地区的意见没有统一起来,有些地方对此规定比较严格。如四川省成都市,当地税务部门对小区内用于居住以外的其他用途征收税费。上海市在2004年出台了《上海市住宅物业管理规定》,明确规定了业主、物业公司和相关管理部门可以对那些擅自把住宅改为经营场所的人进行起诉、制止和处理。

现在,已有一些地方的相关法规就利用居民住宅从事经营的问题作出了规定,比如北京市人大常委会通过的《北京市实施

〈中华人民共和国大气污染防治法〉办法》从 2001 年开始实施，其中规定，不得将居民住宅楼中的住宅用于产生油烟污染的饮食服务经营场所。国务院发布的《娱乐场所管理条例》从 2006 年 3 月 1 日起施行，该条例明确规定了娱乐场所不得设在居民楼内。但是这些条款对居民楼中是否可以开设宠物饲养场所没有特别规定，看来将人居住宅当做动物饲养场是一个新问题。随着人们生活水平的提高，一些人养宠物已是司空见惯，但有人却打起了养宠物繁殖销售赚钱的主意，将居民住宅当成了饲养场，如果有商户在小区住宅内开设养鸡场、养鸭场、养狗场怎么办？

根据《中华人民共和国民法通则》及《中华人民共和国物权法》对相邻权的相关规定，如果有人在人居住宅养宠物繁殖赚钱，产生的鸡鸣狗叫，动物粪便腺臭干扰到邻居们的正常工作和生活，甚至对邻居们的身心健康造成不利影响或伤害，就构成了侵权。受到侵害的邻居们有权说不！可依法向当地人民法院提起诉讼。

还有一点需要特别说明，因为商用办公楼和住宅小区房价的差异，也是造成住宅商用越来越多的状况之一，这势必引发住宅房价的进一步上涨。因此，必须对此严格依法管理。

出租房屋内发生火灾
责任各方应各担其责

2007年8月13日,徐先生将位于北京市朝阳区某处自己名下的一套房屋出租给某公司作办公室用,租期为一年,并同该公司的负责人付女士签订了《房屋租赁合同》。2008年7月4日,该公司员工在租用的办公室内闻到煳味,后来发现厨房西侧的阳台上有明火。员工在拨打119报警电话后,同小区物业公司工作人员一起将火扑灭。

事发后,徐先生称这场大火导致屋内的空调、冰箱、装修设施设备全部烧毁,经过评估损失价值近10万元。经北京市朝阳区公安消防支队认定,此次火灾是由于人为明火引起。徐先生认为,付女士的公司作为房屋实际使用人,由于使用不当造成了自己财产的重大损失,应当承担赔偿责任。故诉至法院,要求赔偿损失。近日,北京市朝阳法院开庭审理了此案。

出租房存在消防安全隐患,由此引发火灾,到底是该出租人承担责任还是承租人承担责任呢?法院经审理查明,公安消防支队作出的认定起火部位是"在西南部阳台房主堆放的纸箱上部",起火原因为"人为明火"。因此,综合考虑双方的过失在火灾发生中的比例,法院判决徐先生承担全部损失的20%;判决付女士的公司承担全部损失的80%,即赔偿徐先生经济损失65000元。

本案中,付女士作为被告公司的代表与徐先生签订《房屋租赁合同》,因此房屋在使用中产生的法律后果应由被告付女士公司承担。起火时,房屋由被告公司使用,"人为明火"应当推定为是被告公司员工造成。遵循我国于1991年颁布的《中华人民共和国民事诉讼法》确立的"谁主张、谁举证"的举证责任制度。因此,如果被告公司认为有可归责于徐先生的原因或第三人的原因,被告公司负有举证责任。对于被告公司提出的其他原因，由于不能证明有其他可免责的事由，故法院对于被告公司的答辩不予采信。

综上所述，由于起火的发生部位是阳台上的纸箱，而阳台与室外环境又是融为一体，放置在阳台上的物品可以直接与室外环境接触，因此，作为原告在此堆放纸箱等可燃物的情况下，增加了发生意外灾害的风险，所以房屋所有人徐先生对于此次起火也存在着一定过失，应依法承担相应的次要责任。

租房开店反悔想退租
责任方承担违约责任

从辽宁来北京投资房产的付先生买下一个300多平方米的门面房，在贴出招租广告后，就有一家超市的负责人高经理跟他洽谈租赁事宜。不久后，双方便签订了租期为1年的《房屋租赁合同》，付先生一看刚买来的房子就有人租，认为自己不出几年就可以收回成本，对未来房产投资抱有很多美好憧憬。可刚过了半年，付先生便接到超市高经理的电话说"因为经营不景气，负担不起昂贵的租金，准备把门面房转租出去。"

付先生立刻赶到超市，看到所有物品都已搬上货车准备拉走，而且在超市的玻璃上贴着转租的广告。一边是超市要搬家，一边是付先生挡路不让高经理等人走。眼瞅着双方就要争执起来，物业公司马上过来劝说，希望双方能先平心静气谈谈解决此事。付先生便回家等超市负责人高经理来找自己商量租赁的事宜，但是交房租的日子一天天临近，令付先生万万没想到的事情发生了，他竟然等来了法院的传票，超市一方要求和其解除租赁关系。付先生越想越气，明明是超市退租违约在先，可现在却反过来把自己告上法庭，难道之前签的《房屋租赁合同》不具有法律效力？

法庭上，超市负责人高经理说自己当初不是要退租，而是改变经营策略，调整柜台。而付先生也找来物业公司人员作证，但是又不能证明超市负责人高经理在说谎。遇到这种情况应该怎么办呢？根据最高人民法院《关于民事诉讼证据的若干规定》第73条之规定："双方当事人对同一事实分别举出相反的证据，但都没有足够的依据否定对方证据的，人民法院应当结合案件情况，判断一方提供证据的证明力是否明显大于另一方提供证据的证明力，并对证明力较大的证据予以确认。因证据的证明力无法判断导致争议事实难以认定的,人民法院应当依据举证责任分配的规则作出裁判。"简单地讲,一般在民事案件中法院会采取优势证据定案原则,也就是说法院会判定哪一方的证据更有力度。如果双方证据力度旗鼓相当,法院就会采取谁主张谁举证的原则。

  在本案中,双方证据都不充分,双方证据都有瑕疵,都不能充分证明各自的主张。在法庭组织的调解中,最后认定由于超市一方提前退租,所以要承担合同中规定的违约责任。

  近些年来,随着房地产市场的快速发展,很多人加入到投资买房然后再出租的队列里。但是,只要是投资就会有风险,特别是一些用于商业经营的房产,一旦承租方的企业经营有失误,就会面临租赁合同提前解约的危险。因此,作为出租方的房东,在签订房屋租赁合同的时候认清条款,按照合同明确约定行事,这样一旦出现上述问题,就会省去很多不必要的麻烦,才可以更好地保护当事人合法权益。

租房合同规定了房租
租期内房主不能涨价

虽然说现在房价上涨的较快,但是说过的话还是应该算数的,签订的合同更应该具有法律效力。2006年5月,陈先生承租了刘女士的两套房子,在签订《房屋租赁合同》时,双方约定租期为5年,两套房每年的租金一共为59000元,并采用年付款的方式。

陈先生租住了近1年时,房主刘女士突然提出提高房租的要求,她给出的理由是,现在的房价不断上涨,如陈先生不能增加房租,那她将会受到损失。陈先生认为,当初签订的《房屋租赁合同》中并没有规定租金随房价上涨而提高的条款,因此不同意刘女士的要求,此后刘女士没有再提增加房租的事情。但就在前不久,陈先生突然接到法院发来的传票。刘女士以拖欠房租为由,将陈先生告上了法院。

陈先生说,他此前一个月就曾找过刘女士,要交下一年的房租,当时刘女士却以想卖掉其中一套房子为由,所以就没接受陈先生的房租。过了半个月,陈先生见刘女士还不收取房租,就有种不祥的预感,因为当初在签订《房屋租赁合同》中有一条约定,如果承租方无辜拖欠房租30天,视为承租方违约,出租方有权收回房子。为了证明自己并不是故意拖欠房租,陈先生随即请律师给刘女士发了一封律师函,希望双方尽快就此事进行商谈,但是对方始终没有回音,直到陈先生收到法院送来的传票。

根据《中华人民共和国合同法》第227条之规定,承租人无正当理由未支付或者迟延支付租金的,出租人可以要求承租人在合理期限内支付。承租人逾期不支付的,出租人可以解除合同。但如果是因为出租人不配合,导致承租人无法缴纳租金的,后果则大相径庭。该《合同法》第60条规定,当事人应当遵循诚实信用原则,根据合同的性质、目的和交易习惯履行通知、协助、保密等义务。《合同法》还规定了诚实信用原则,当事人应当根据诚实信用的原则,履行合同约定之外的通知、协助、保密等附随义务。其中的协助义务是指当事人在履行合同过程中要互相合作,像对待自己的事务一样对待对方的事务,不仅要严格履行自己的合同义务,而且要配合对方履行义务。在本案中,由于刘女士没有接受陈先生的租金,所以应承担违约责任。

  法院在审理时认定,根据《合同法》的有关规定,刘女士与陈先生签署的租赁协议合法,受法律保护。一经依法签订,即为生效。合同双方当事人应全面履行,任何一方都不得擅自变更或者解除。如果想要变更或解除合同,必须经双方协商一致,才能得到法律上的认可。因擅自变更或者解除租赁合同,造成一方当事人损失的,有过错的一方当事人,应依法承担赔偿责任。

  在实际生活中,有些法制观念淡薄的房屋出租人认为,房子的产权是自己的,就像摊贩叫卖自己的蔬菜水果似的,价格随行就市,因此,往往忽视了房屋承租人的合法利益。也就是说房主在没有事先告知的情况下擅自提高房租,这种行为被视为违约行为,将被判定为承担赔偿责任。此案中的当事人双方如果当初在签订《房屋租赁合同》时,各自能够给自己留一点余地,比如在合同中确定为一年一签,或者是写入一些灵活机动的条款,就能够比较有效地避免发生这类问题。

房屋出租之后又想卖
承租人有优先购买权

家住北京丰台区的李先生想买一套门面房用于经商,由于一时买不到合适的房子,他便在当年5月承租了某房地产开发企业一间商铺,用于开办某产品的专卖店,并和开发企业签订了《房屋租赁合同》,约定租期为1年。刚过了4个多月,开发企业便瞒着他把商铺卖给了想开店的邹女士。李先生很是苦恼,因为商铺被开发企业转手出售,眼瞅着自己刚刚起步的事业就要关门,不知道自己应该怎样来维护和争取合法权益,也不知道开发企业的这种行为是否违反法律。后来他通过咨询律师,向开发企业提出愿意以相同价格购买自己现在承租的这套门面房。开发企业以一房不能二卖为由拒绝,他向法院提起诉讼,要求按照"优先购买权"的原则,并再次向开发商提出购买此房的请求。

上述事件涉及承租人的房屋优先购买权问题。所谓优先购买权,顾名思义就是指在《房屋租赁合同》的存续期间,出租人在出售该租赁房屋时,承租人得以与其他购买人同等条件下优先购买该租赁房屋的权利。在我国相关民事立法中,明确规定了承租人的优先购买权。例如1988年最高人民法院《关于贯彻执行〈民法通则〉若干意见(试行)》第118条规定:"出租人出卖出租房屋,应提前3个月通知承租人,承租人在同等条件下,享有优先购买权;出租人未按此规定出卖房屋的,承租人可以请求人民法院宣告该房屋买卖无效。"根据我国《合同法》第230条之规定:"出租人出卖租赁房屋的,应当在出卖之前的合理期限内通知承租人,承租人享有以同等条件优先购买的权利。"

李先生与开发企业签订《房屋租赁合同》的合法有效是承租人享有优先购买权的前提。因为优先购买权是基于《房屋租赁合同》而享有的一项法定权利。因此，没有合法有效的《房屋租赁合同》，也就谈不上法定优先购买权。在本案中，承租人李先生与开发企业签订《房屋租赁合同》在先，开发企业瞒着李先生把商铺卖给邹女士的行为在后，这已经明显违反了我国法律相关规定，是属于违法行为。况且，开发企业在出售此房前并未征求李先生意见，其是否愿意购买，否则，李先生会答应购买此房。

优先购买权是属于承租人李先生的一项法定权利，除非李先生自愿放弃，否则作为出租人的开发企业不得加以限制。只有李先生以明示的方式作出放弃，才标志着自己丧失了优先购买权。也就是说，即使在《房屋租赁合同》中，优先购买权没有约定或者约定不明确，也应推定李先生享有优先购买权。或者是等到《房屋租赁合同》终止，出租人才可以享有自由处分其房屋的权利。如果是承租人不继续履行《房屋租赁合同》中的义务时，标志着其已不具有承租人的地位，那么他也就不再享有优先购买权。此案中的李先生执意要购买此房，法院最终判决支持了承租人李先生的诉讼请求。

承租人将房改装转租
出事故应负主要责任

随着外来人口的不断增长，出租房源的相对短缺，非法转租及违规改建"房中房"等问题在一些大城市较为普遍，这类房屋发生伤亡事故的事件也常见报端。近日，发生在北京的一起出租房内煤气中毒身亡事件引起了人们关注。死者家属在多方索赔不成的情况下，将房屋的业主曹先生和出租人赵某告上了法庭。

发生事故的这套100多平方米的房子原本是三室两厅。房主曹先生将房屋出租给赵某，并在《房屋租赁合同》中明确规定赵某不得将房屋转租，还约定赵某应注意水、电、气方面的安全，若发生意外事故，曹先生不承担任何责任。但是，赵某并没有按照约定去做，而是把这套房子改装分隔成了5间，并以床位形式出租给20余人用来收取更多的租金，死者林女士租住在这套房子紧靠厨房的隔间里。据燃气公司的工作人员介绍，由于同时租住20余人，仅从用气量上来看，该套房屋的使用量已达到普通人家的5倍。

作为出租人在法律上对实际的合法居住人负有人身、财产方面的安全保障义务。根据合同的相对性，出租人曹先生与承租人赵某、承租人赵某与次承租人林女士之间的租赁合同分别只能约束双方当事人，也就是说曹先生并不直接对林女士负有《合同法》上的房屋及屋内设施的维护修缮义务。

然而，赵某擅自将房屋改装并转租给20余人，也就是所谓的"房中房"，客观上增加了安全隐患，故对这起人身伤害事故的发生负有不可推卸的主要责任。根据最高人民法院《关于审理人身损害赔偿案件适用法律若干问题的解释》第6条之规定："从事住宿、餐饮、娱乐等经营活动或者其他社会活动的自然人、法人、其他组织,未尽合理限度范围内的安全保障义务致使他人遭受人身损害,赔偿权利人请其承担相应赔偿责任的,人民法院应予支持。"基于此,人民法院支持了死者(林女士)家属的诉讼请求。

据了解,北京市朝阳区警方从2006年起要求在房主出租房屋前,必须与警方签订安全责任书,房主对所出租的房屋安全负有法律责任,租房者如果由于房屋及设施问题发生不测,房主将承担相应的法律责任。如果房客发生煤气中毒事件,警方将对房主处以每月房租金10倍以上的罚款;如果是因为房主过失致房客死亡,还要根据《中华人民共和国刑法》的有关规定,承担刑事责任。

租期内私房产权转移
原签订合同继续有效

2008年11月初，家住北京的欧阳先生看中了一套160平方米的门面房，经过协商，房东梁女士同意以年租金8万元的价格将这套房租与他，双方很快签订了《房屋租赁合同》。但半年以后由于住房价格上涨，房东梁女士在2009年5月将此房出售给林先生，欧阳先生在不知情的情况下被新房东林先生限期在一周之内搬出此房。

欧阳先生认为，当初双方签订的租赁合同是1年，在没有到期限的时候，房东梁女士就将房屋卖给林先生是违约行为。欧阳先生很恼火，他认为，谁违约谁就应该承担责任，自己就是不搬，必须再住半年到合同期截止。

上述事例可以根据"买卖不破租赁"的法理，新房东无权解除原房东与欧阳先生之间的租赁合同。欧阳先生可以继续经营门面房直至1年租期结束。

所谓"买卖不破租赁"，即在租赁关系存续期间，即使出租人将租赁物让与他人，对租赁关系也不产生任何影响，买受人不能以其已成为租赁物的所有人为由否认原租赁关系的存在并要求承租人返还租赁物。根据我国《合同法》第229条之规定："租赁物在租赁期间发生所有权变动的，不影响租赁合同的效力"。根据最高人民法院《关于贯彻执行〈中华人民共和国民法通则〉若干问题的意见（试行）》119条之规定，私有房屋在租赁期内，因买卖、赠与或者继承发生房屋产权转移的，原合同对租赁人和新房主继续有效。

如果欧阳先生同意提前解除合同而不继续经营，可以要求几种赔偿方式；一，要求双倍返还定金（如果存在定金）；二，要求按照合同的约定赔偿违约金（如果合同中约定了违约金）；三，要求房东赔偿承租人欧阳先生的损失。如果欧阳先生与房东梁女士之间的租赁合同没有约定违约金，那么第二种方式便无法实现。

  在此案中，欧阳先生提出要求继续租赁的要求是合法的，承租人的利益应该受到法律的保护，梁女士和新房东林先生都无权要求欧阳先生在租赁到期之前必须搬离，但是新房东有权要求欧阳先生支付租金。因为，新房东在取得该房产所有权的同时也取得了收益权。该房新主人必须让欧阳先生住满一年，欧阳先生可以要求新房主继续履行而不用重新交租金。

  由此可见，承租人欧阳先生提出要求继续租赁的要求是合法的，欧阳先生的利益应该受到法律的保护，新房东林先生也无权要求欧阳先生限其在一周之内搬离，但是有权要求承租人支付租金。欧阳先生可以承租到其与梁女士签订的《房屋租赁合同》中约定的租赁期满。此案提醒那些想买二手房的人，应当在购房前充分了解要购买的房屋是否已经出租，如果出租，租赁期限是否快到期，避免影响自己的购房用途或自己的投资计划。

租房户主动装修房屋
如无约定房东不买单

2008年初诸葛先生将自己的一套房屋租给范先生一家居住,双方商定租期为两年,并签订了《房屋租赁合同》。如今租期将满,他想收回房屋,但双方在房屋装修是否付费问题上出现了分歧。

范先生认为,自己在租住诸葛先生房屋期间,不仅将墙壁进行粉刷,还重新铺了木地板。他抱怨道,自己找人进行的这些装修花了不少钱,使整个房子焕然一新,若现在收回,房主显然是受益人。因此,他希望诸葛先生对自己作出一定经济补偿。而诸葛先生则认为,当初装修这套房屋完全是范先生自愿,虽然经过自己同意,但当时双方并未就装修费用问题进行协商或约定,如今范先生要自己对装修"买单",显然没有道理。

那么,谁应该对这套房屋的装修"买单"呢?

首先,范先生作为承租人,在对房东诸葛先生的房屋进行装修前,取得了诸葛先生的同意,这一点毋庸置疑。因为根据我国《合同法》第223条之规定"承租人经出租人同意,可以对租赁物进行改善或者增设他物。承租人未经出租人同意,对租赁物进行改善或者增设他物的,出租人可以要求承租人恢复原状或者赔偿损失。"另根据最高人民法院《关于审理城镇房屋租赁合同纠纷案件具体应用法律若干问题的解释》第12条之规定:"承租人经出租人同意装饰装修,租赁期间届满时,承租人请求出租人补偿附合装饰装修费用的,不予支持。但当事人另有约定的除外。"

根据我国颁布的相关法律法规,范先生对其所租房屋进行装修是其自愿行为,他与朱葛先生签订的《房屋租赁合同》期满后,如不再要求续租,就应该将该房屋退给房东——诸葛先生。房东无须返还或者支付相应的装修费用。除非双方对装修费用的支付有另外约定。否则，承租人装修房屋，花了再多钱，装修得再好，房东也无需"买单"。需要注意的是，如果承租人因装修不当造成房屋损坏，房东有权要求承租人赔偿。同时，承租人在租房时，应对室内家具、家电等设备，检查清楚，并标明设备是否能正常使用及新旧程度、损坏程度。免得房屋租赁到期退房时，在房屋发生损害的问题上说不清楚谁来承担责任。

房屋租赁合同履行中
如解除要看合同约定

2006年11月,田先生将自己名下的一套房屋出租给徐某,合同约定每月租金2000元,租期2年。徐某承租后不久便让表弟搬来与自己一起住。哪知半年后,徐某在该出租房内与一名老乡发生争执时失手将对方杀害,成了被司法机关立案侦查并逮捕的犯罪嫌疑人。田先生得知此事后心里十分别扭,便产生了解除合同的想法,但是,田先生的想法却与徐某的表弟产生了意见分歧。

那么,田先生能否以该房屋承租人徐某是犯罪嫌疑人为由而解除与其的房屋租赁合同呢?

根据我国《民法通则》第2条之规定,民法是以平等主体的公民之间、法人之间、公民与法人之间的财产关系与人身关系为调整对象的。田先生与徐某之间的房屋租赁合同关系正是平等主体之间的财产关系,受民法的调整。田先生想解除这种民事法律关系,必须基于一定的民事法律事实。

所谓民事法律事实,是指符合法律规定的,能够引起民事法律关系产生、变更或消灭的客观现象。那么,徐某的故意杀人行为已触犯了刑律,依法受到了司法机关的追究,属于受刑法调整的范围。

显然,徐某的杀人行为侵犯了他人的生命权,但这个事件并不一定会引起该房屋租赁合同关系的解除。纵然房屋承租人徐某成了犯罪嫌疑人,这也并非是出租人田先生解除《房屋租赁合同》的法定理由。田先生欲解除《房屋租赁合同》还是应依法而行,找到能引起这种民事法律关系消失的确切的民事法律事实。也就是说,如双方有约在先,且该约定不违反法律的强制性规定,那么也可据此解除《房屋租赁合同》。

对于本案而言，下列情形可导致《房屋租赁合同》的解除：（一）承租人徐某因故意杀人被判处死刑并予以执行，则该民事法律关系的一方当事人死亡，该合同就自然解除了。但中华人民共和国最高人民法院《关于贯彻执行〈民法通则〉若干问题的意见》第119条第1款规定：承租户以一人名义承租私有房屋，在租赁期内，承租人死亡，该户共同居住人要求按原租约履行的，应当准许。同时《合同法》第234条也规定：承租人在房屋租赁期间死亡的，与其生前共同居住的人可以按照原《房屋租赁合同》租赁该房屋，因此，田先生若没有其他合同的理由而欲解除合同收回房子，还得看徐某表弟的意思表示。（二）若订立《房屋租赁合同》时，双方约定承租人有遵纪守法的义务，不得在租赁的房屋内发生违法乱纪的现象，否则出租人可解除合同的条款，田先生可据此解除合同。（三）根据《合同法》第224条第2款的规定，承租人未经出租人同意转租的，出租人可以解除合同。如果田先生能找到徐某向其表弟收取租金的证据，则可以单方面解除合同。

口头协议不应超半年
超期必须订书面合同

口头协议即合同当事人双方以口头的方式订立的契约,它是协议的一种,但有其局限性。法律规定有些种类的合同必须用书面方式签订,口头协议无效。在一起房屋租赁中,便引发了这种纠纷。

北京的甄小姐和魏小姐两人合租了一套三室一厅的房屋,她们分别各住一间。经过房东同意,甄小姐与魏小姐将剩下的一间房屋转租给岳先生,她们二人与岳先生口头约定,租期从2009年4月到12月份。然而,在2009年6月份魏小姐由于工作调动和房东解除了租赁关系,房东随后把原属于魏小姐的房间租给了新房客肖先生与其爱人。2009年9月岳先生提出退房,与甄小姐产生了纠纷。岳先生认为:第一,由于当初口头合同中的一个当事人魏小姐已搬走,合同中的当事人变更后,该合同应属无效,要求甄小姐退还已交租金的一部分,解除合同;其次,他认为现在这套房一共租住了4个人,自己可以用的公共空间减少,要求解除合同的理由更充分了。

对于这起纠纷,我国《合同法》第52条有明确规定,有下列情形之一的合同无效:(一)一方以欺诈、胁迫的手段订立合同,损害国家利益;(二)恶意串通,损害国家、集体或者第三人利益;(三)以合法形式掩盖非法目的;(四)损害社会公共利益;(五)违反法律、行政法规的强制性规定。不属于这五种情形的合同不能判定是无效的合同。同时,《合同法》第54条规定,下列合同,当事人一方有权请求人民法院或者仲裁机构变更或者撤销:(一)因重大误解订立的;(二)在订立合同时显失公平的。一方以欺诈、胁迫的手段或者乘人之危,使对方在违背真实意思的情况下订立的合同，受损害方有权请求人民法院或者仲裁机构变更或者撤销。当事人请求变更的，人民法院或者仲裁机构不得撤销。依据此规定，虽然合同的一方当事人魏小姐搬出，但是并不影响合同的继续履行。

　　就本案而言，对于岳先生提出的关于公共空间减少，要求解除合同的理由是否成立，在我国《合同法》中有明确说明，其中第93条规定：当事人协商一致，可以解除合同。当事人可以约定一方解除合同的条件。解除合同的条件成就时，解除权人可以解除合同。第94条有下列情形之一的，当事人可以解除合同：（一）因不可抗力致使不能实现合同目的；（二）当事人一方迟延履行主要债务，经催告后在合理期限内仍未履行；（三）在履行期限届满之前，当事人一方明确表示或者以自己的行为表明不履行主要债务；（四）当事人一方迟延履行债务或者有其他违约行为致使不能实现合同目的；（五）法律规定的其他情形。由此可见，岳先生提出的解除合同的理由不符合以上五种情形，因而不能成立。

　　但是在本案中，如果岳先生想要解除合同的话，还是可以找到法律依据的，因为从案情可以看出甄小姐和魏小姐与岳先生定的是超过6个月的房屋租赁合同并且是口头合同，我国《合同法》第215条规定，租赁期限6个月以上的，应当采用书面形式。当事人未采用书面形式的，视为不定期租赁。依据该法这条规定，他们之间的合同是不定期合同，也就是法律赋予了当事人随时解除合同的法定解除权，因此岳先生可以要求解除合同并且不承担违约责任。

电梯故障或造成伤害
相关责任人责无旁贷

广东东莞一所住宅小区的电梯,在最近半个月内出现了几次突坠事故。事故的发生导致众多业主惊恐不已,其中业主肖先生在乘电梯时因电梯突坠数层而受伤骨折。在医治伤情中发生的费用应该由谁支付,以及谁该对肖先生作出赔偿等问题,物业公司与电梯生产商发生分歧。面对小区电梯引发的这起事故,该小区物业公司称责任在于电梯生产商的电梯质量有问题。而电梯生产商辩称,无任何事实证明其生产的电梯有质量问题或存在故障,也不能证明是其制造电梯或保养电梯过程中导致事故的发生。并提供了安检合格证、电梯保养书、电梯安全使用手册等为证。

按照《中华人民共和国产品质量法》的相关规定:"因产品存在缺陷造成人身、缺陷产品以外的其他财产损害的,生产者应当承担责任。生产者能够证明有下列情形之一的,不承担赔偿责任:(一)未将产品投入流通的;(二)产品投入流通时,引起损害的缺陷尚不存在的;(三)将产品投入流通时的科学技术水平尚不能发现缺陷存在的。"

由此可以判断,本案是一起由于产品质量导致人身损害赔偿纠纷的典型案例。显然,电梯是存在故障及安全隐患的。

根据《产品质量法》中的相关规定,生产者应当对其生产的产品质量负责,并承担严格(过错推定)责任,保证产品不存在危及安全的危险。对因产品质量造成的损害赔偿纠纷,受害人仅需举证证明损害结果的存在及损害结果是因产品质量造成,而无需证明生产者是否存在过错及产品质量问题产生的原因。法律直接推定生产者存在过错。如果生产者对该损害结果的产生,不能举出免责情形存在的证据,则应依法承担赔偿责任。至于电梯生产商提供的安检合格证、电梯保养书、电梯安全使用手册等，并不能成为免责的证据。

　　消费者在购房时，开发商通常都会给业主一份住宅使用说明书和房屋质量保证书，上面有电梯的使用年限等说明。在这个期限内，如果电梯出现问题，导致了业主的人身伤害，可以直接要求电梯的生产厂家承担维修责任、赔偿责任。如过了电梯保修期限，住宅小区的物业管理单位有责任安排或通知专业电梯维修人员严格按照检测时间进行检测。如在维修中需要更换设备及零部件，要动用小区业主的公共维修基金，则由该住宅小区开发商或小区物业公司负责，与业主委员会协商解决。

电梯超期服役是违规
定期检测莫麻痹大意

2009年3月的一天，家住北京市丰台区某小区的祁女士回家乘坐电梯时无意发现电梯内的关门按钮已经损坏，不能正常使用了，只得等待电梯自动关门。当她抬头查看电梯的检测日期时发现，此电梯的"下一次检测日期"应为2008年9月16日，距当日已经超过了半年多。这种逾期不检测的情况是否违规呢？答案是不言而喻的。

电梯上既然已经标明下一次的检测时间，这规定是具有法律效力的。那为什么有关部门没有按时检测电梯呢？超过检测期限而未进行检测的电梯会给业主们的安全带来什么后果呢？有例为证，2007年2月7日晚8时许，北京市朝阳区某小区的一部无人电梯从25层坠落至23层，发出巨大声响，幸好电梯内没有人。后来经检测发现，这是由于电梯超速自动刹车装置失灵引发的电梯坠落，为何会产生这样的状况，归其原因是电梯超期服役。而小区物业公司麻痹大意没有按要求通知电梯维修人员来此进行定期检测，电梯的限速器、安全钳系统出现了故障，导致事故发生。

电梯的限速器、安全钳装置会因为日常使用有不同程度的磨损、锈蚀、疲劳等情况，如果得不到定期详细的检测就会引起电梯内安全功能的减弱、丧失，对电梯本身和人身安全构成威胁。因此，检测人员对电梯的定期检测就显得特别重要，就像汽车行驶到一定的公里数以后应该进行保养或维护一样。超时不检测，就成了马路杀手。按照使用时间规定进行定期维护和检测电梯是安全的需要，是有据可查的硬性规定，是电梯安全管理的重要环节。超时不检测，就成了楼房杀手。

上面提到祁女士所住楼房的电梯，已经超过了检测时间半年多，却没有相关人员来定期检测，这种违规是电梯管理部门造成的。电梯在未发生问题时往往容易被人忽视，而一旦发生问题则人命关天。为了保证电梯的使用安全，必须按照规定定期检测，否则就是违法。在此问题上，物业公司有责任通知电梯维修部门进行维修检测。电梯维修部门也应该知道自己何时检修。如果电梯出现因超期服役而未进行检测维修，一旦发生故障导致人身伤亡事故，物业公司及电梯维修部门都要承担相应的法律责任。按照国务院公布的《特种设备安全监察条例》之规定，电梯维修部门每年都要对电梯设备进行定期检测维修，至少每隔半个月进行1次清洁、润滑、调整和检查等。这需要建立监督机制，除了电梯维修部门外，物业公司和每一位业主都应该成为监督员。

　　目前国家还没有关于电梯使用年限和到期报废的强制规定，一些地方已经出台了具体办法。例如，2001年北京市国土资源局和房屋管理局、市质量技术监督局发布了《关于加强北京市住宅电梯报废管理有关问题的通知》，对住宅电梯的报废程序作了规定。电梯不是免维修的产品，它需要维护与修理，而且是应当列入强制年检的产品。使用到年限后就应当报废，电梯的超期服役带来的安全隐患是不容忽视的，检修时更不要麻痹大意。

电梯停运延误救病人
物业公司负部分责任

家住北京丰台某住宅小区的李先生夜里突发心脏病,家人迅速打电话通知急救中心。当急救中心的医务人员来到小区后才发现,小区规定夜间电梯停运,电梯值班员的电话没人接。所以急救人员不得不从楼梯爬到16楼为老人进行简单救治。一个多小时后,闻讯赶来的电梯司机才打开电梯,李先生被送到医院20分钟后经抢救无效死亡。李先生的家属以电梯夜间停运延误了抢救时间为由,将小区物业公司告上法庭。

因电梯夜间停运,导致高层住户急症患者贻误最佳抢救时机而失去生命,无疑是令人痛心的。法院审理这起诉讼时认为:第一,物业公司的电梯值班员在夜间没有按规定在岗位上,没有尽到必要的责任。第二,电梯值班员没有接听电话确实存在失误,由此延误了对李先生的抢救,物业公司应当承担赔偿责任。但李先生死亡的诱因是自己本身疾病发作,电梯延误抢救只是一方面的因素,为此判决物业公司一次性补偿李先生家属丧葬费、死亡赔偿金、精神抚慰金共计10万余元。

因小区电梯停运引发的业主与物业公司之间的纠纷已屡见不鲜。有的小区物业公司实行夜间安排人值班,住户用梯随叫随到,并公布呼叫电话或电梯司机值班室地点。其实做到"有人值班,随叫随到,电话畅通"落实到位,也是比较妥当的办法。据悉,确有些小区物业公布的电梯司机值班室电话经常没人接听,有的早已换号而无法接听。

按照北京市房屋土地管理局《关于延长居民住宅电梯运行时间的通知》的有关规定:居民住宅楼电梯实行全天24小时运行制,日常运行时间每天6时至24时开梯,24时至6时有人值班,如果住户用梯，应随叫随到。由此可见，各物业管理企业、各房屋管理单位对所管理的住宅电梯均实行 24 小时运行制，这是电梯运行服务的基本要求。电梯实行限时运行，看似节省了成本，实际存在着诸多隐患。深夜一旦突发紧急情况，由于电梯处于停运状态，就可能会造成不可挽回的损失，这对整个城市的紧急情况预案系统是很大的负面影响。诚如所言，开通夜梯所具有的社会意义确实也不仅仅是为急症病人赢得时间那样单一，还对城市防灾减灾具有积极的作用。

夜间运行电梯是制度规定，如果不能将制度落实到位，一旦出现问题，相关责任人就必须承担相应的法律责任。

居民乘电梯刷卡付费
物业出下策应该改正

　　姚女士家住北京丰台区五里店某小区1号楼的第9层，每次乘坐小区的电梯都要先刷卡，每乘坐一次就得被从卡上刷掉3角钱，否则，只能一步一步爬楼梯。听李女士介绍，小区在2003年建成时，就已经安装了插卡电梯，她和老伴每次上9层回家都要刷卡付费，下楼时为了节省乘坐电梯的费用一般情况下都是步行走下楼梯。每次客人来家里拜访，为了不让他们爬楼梯，她都必须先下楼替他们刷卡打开电梯门。这种乘电梯刷卡的事儿没少让李女士烦心。

　　现在很多城市的公交车可以刷卡，地铁可以刷卡，但在住宅小区内电梯刷卡付费还属罕见。前两种刷卡方式的推广方便了广大市民的出行，而小区电梯刷卡却麻烦了业主而不知方便了谁？据了解才知道，此小区的部分业主是小区所在村的村民。从2003年入住至今，这些村民的物业费都是由村委会来承担，而物业公司因为担心业主们以后不能按时缴纳物业费，考虑到自己将来向村民收取相关费用时也许会遇到这样那样的困难，最后经过村民大会表决，想出来个别出心裁的怪办法——乘坐电梯要刷卡付费，用以保证电梯的日常维护费用。物业公司出此下策是想把物业费和电梯费分开来算。想坐电梯的，您就插卡花钱坐电梯，想省钱的您就天天爬楼梯。他们认为谁愿意坐电梯谁就花钱办卡，这样似乎比较公平合理。

　　"电梯插卡运行的结果是，物业费不用多交了，电梯使用率降低了，居民也锻炼身体了。"物业公司这种似是而非的解释听着好像是为业主们着想，可像李女士这样年龄大又住在高层的住户呢，生活显然很不方便。物业公司想出乘坐电梯刷卡这个办法看似便利的方法，只是物业公司一厢情愿的事，并没有相关的法律法规支持。首先，《物业管理条例》中有关电梯费相关费用已明确说明，电梯日常维护费是物业费的一部分，不应该私自剔除。第二，虽然参加表决的村民是业主中的一部分，但是在《物业管理条例》中并未规定村民大会等同于业主大会，所以李女士所在小区村民表决这件事是没有法律效力的。第三，物业公司如果确实收不上来物业费，应该采取法律途径维护自己的权益，而不是通过这种强制性的措施要挟部分业主，也不应该采取没有法律效力的表决手段，甚至是相当一部分业主成为乘电梯刷卡的受害者。由此可见，该小区业主应向物业公司提出取消刷卡付费乘电梯的错误做法，如得不到解决，可向当地人民法院提起诉讼。

电梯故障停运无人修
属于物业公司不作为

北京市丰台区某住宅小区有8栋楼,其中1号楼和2号楼的电梯已经停运两个多月了。家住这个小区1号楼的刘大爷因年老体弱,每次爬楼梯都感到苦不堪言,为此他不得不减少下楼次数。在此楼上居住的有些老人上下楼时还要随身携带小板凳,以便随时歇一会儿。自从去年底该小区1号楼的电梯因故障停运后,小区业主与物业公司就电梯维修费产生了分歧。究其原因是,很多业主不同意启用小区公共维修金用于1号楼电梯的维修,因此导致电梯停运以来一直无人负责修,业主们纷纷指责小区物业公司不作为。

对于业主们的指责,小区物业公司负责人有口难辩,物业公司工作人员夏先生表示,"不是我们不想修,是大部分业主们不同意"。夏先生介绍,小区于2002年建成,电梯均超过五年大修期,如要修理,必须启用业主们购房时缴纳的公共维修金。根据《物权法》第76条中第5项、第6项之规定,即筹集和使用建筑物及其附属设施的维修资金;改建、重建建筑物及其附属设施;在决定这两项条款时,应当经专有部分占建筑物总面积三分之二以上的业主且占总人数三分之二以上的业主同意。决定前款其他事项,应当经专有部分占建筑物总面积过半数的业主且占总人数过半数的业主同意。

但是,1号楼的200户业主中,只有15户的业主同意动用小区公共维修金对小区两部坏了的电梯进行维修。大部分业主和物业公司在电梯维修费的数额,及2号楼多数业主未交维修金等问题上,存在分歧,因此无法对已经坏了的电梯进行维修。

本案中,小区1号楼部分业主之所以不同意动用公共维修金是怕其他楼尤其是未缴纳公共维修金的业主占便宜。这些业主统一口径是"他们没交够钱，凭什么用我们的钱给他们修"。据物业公司工作人员介绍，小区1号楼公共维修金已经全部缴纳。而2号楼有100多户业主未缴公共维修金。

　　对于上述事件，物业公司应根据《物权法》相关规定行事，动用小区公共维修金须得到楼内三分之二以上业主同意，如果有三分之一以上业主不同意，物业公司没有权利强行使用。然而对于没缴纳公共维修金的业主，物业公司只能向产权单位或向业主追缴。如业主们想自己来管理小区公共维修金的话，可以成立业委会，和物业公司共同管理。

　　需要说明的是，随着商品房的大量上市，每幢房屋不再是单一的产权，而是多个产权人共有。这些共用部位、共用设施设备就由所有业主共有共用，维修责任自然也应由每个业主共同承担。而房屋共用部位、共用设施设备一旦发生损坏，如电梯等，这些部件的维修费用相对来说较高，临时筹集资金对业主经济上有压力，也给及时维修和使用带来不便。由于共用部位及共用设施设备的局部损坏，会直接影响业主们的正常生活，如果其他业主不承担一定的义务，损坏面积容易扩大，也就更容易引发纠纷。因此，小区的公共维修金可有效解决部分维修资金，缓解业主之间矛盾、减少纠纷，有利于房屋维修和物业管理。

　　物业公司应该行使服务职能，与小区业委会协商，与广大业主共同维护小区各项设施设备的正常运转。应该积极催促欠缴公共维修金的业主按规定缴纳，甚至依照法律程序催缴。物业公司如果听凭欠缴公共维修金者拒不缴纳，又在损坏的电梯面前无所作为，便是不作为，业委会可以按照《物业管理条例》的有关章程，召开业主大会罢免不作为的物业公司，另请别家。

业主搬家用电梯交费
物业公司已涉嫌违法

安小姐一家新买的房子位于北京海淀区的某小区,他们将家具搬过去后发生了匪夷所思的事儿。当他们准备将行李物品搬进电梯时,被小区物业公司的电梯工告知,如业主想要用电梯运大件家具等物品要收取30元的电梯使用费。物业公司的人称,由于小区物业费收得少,此举的目的是为了降低业主对电梯的使用率,控制电梯基本的维护成本。

如果真的按这位物业公司的人所说,安小姐搬家所用的箱子大概是15个。那么她如果通过电梯顺利地把箱子运到楼上的话,恐怕就要多花些钱。安小姐本来想拒绝缴纳电梯使用费,但是电梯工强行不让安小姐一家搬箱子进电梯,当时天气突变,眼看就要下雨,安小姐出于无奈,只得在交给电梯工50元电梯使用费后才获准把行李搬进电梯。但第二天她便将物业公司告上法庭,要求对方取消违法作出的收取电梯费规定,退回违法收取自己的50元电梯费,向自己赔礼道歉。

据该楼居民介绍,小区确实存在收取电梯使用费的现象,给业主带来诸多不便。物业公司工作人员解释说,由于此小区多是回迁户,他们每年只交少量物业费,这样低的物业费甚至连保障电梯的基本维修费都不够。因此,物业公司在开会商议后决定,鉴于小区住户已经超过一半的房子用于出租,所以凡是业主或者承租户使用电梯搬家的,必须缴纳一定数额的电梯使用费,否则将禁止使用电梯。这位工作人员称,收取电梯使用费是为了控制业主搬家对电梯的使用率,同时也控制了电梯的维护成本。

双方各有说法,那"电梯使用费"到底该不该交?根据《物业管理条例》的相关规定,物业公司要求使用电梯搬家的业主缴纳"电梯使用费"，在我国现行法律法规中找不到任何依据的。因此可以认定这是一种违法的"土政策"，必须取缔。首先，业主搬出或者搬进小区，都是正常生活需求，是在行使自己正当的权利，不应该受到干涉；电梯作为住宅小区的附属设施，物业公司应保证所有人都能正常、平等地使用，无论搬家、送水、送饭都应该满足业主的需要，物业公司以收取"电梯使用费"为由，限制业主使用电梯搬运东西，既影响业主的正常需要，也妨碍了业主行使自己的权利，是一种违规行为。其次，业主向物业公司缴纳物业费后，物业公司没有理由再向业主收取"电梯使用费"。如果业主缴纳的物业费不足以支持小区电梯正常的运营和维修，则可以按照法律程序，向业主委员会提议召开业主大会，对是否增加物业费问题进行表决。物业公司也可以派代表和业委会共同商榷物业费收取的额度是否需要修改的问题。如果只是物业公司内部开会决定"使用电梯搬家另外收费"，这个决定是荒唐的，违法的。再次，物业公司只是小区的一个"管家"，电梯属于小区的公共设施，就算发生损坏也不是由物业公司出钱进行维修，因为业主购房时已经按房价的2%缴纳公共维修基金。由此可见，物业公司不是收费的主体，又何来收费的权利呢？

电梯噪声大引发诉讼
整改赔偿均有法可依

因楼内的电梯井紧邻自家卧室,北京某住宅小区的 3 户业主不堪电梯噪声侵扰,将房地产开发商告上法院。

业主诉称,由于楼内电梯运行时产生的噪声侵扰,致使自己不能正常生活,并出现睡眠差、入睡困难、心悸、焦虑等症状。随后,3 户业主委托专业的建筑环境检测中心在夜间对卧室进行了噪声检测,结果均超过国家标准,故起诉要求房地产开发商采取措施彻底消除因电梯产生的噪声污染,同时索赔 25 万元。对于业主的起诉,房地产开发商认为自己已全面履行了购房合同,并没有任何违约、侵权等行为。房屋符合国家住宅建设标准,且在验收时并未超过国家规定的住宅噪声标准。同时,进行住宅噪声鉴定的机构应该具有相关资质并备案,而业主委托的鉴定单位并未进行相关备案。

本案中电梯产生的噪声可以称之为是低频噪声,它和小区内的变压器、水泵、中央空调以及交通噪声一并称之为 5 大类的低频噪声。值得关注的是,凡是噪声就会对人体产生危害。虽然低频噪声对人们生理的直接影响没有高频噪声那么明显,但低频噪声会对人体健康产生长远的不利影响,例如使血压、心律、呼吸出现异常变化。然而,现如今这种低频噪声所产生的危害还没有引起人们足够的重视。

解决电梯噪声需要注意三个主要方面,一是电梯设计阶段应考虑电梯安装位置、安装方式、隔墙隔声设施等;二是电梯生产单位,应选用经过严格计算的隔振设备设施;三是电梯使用单位应加强维护保养,保证运转正常。当前,城市住宅小区居民对低频噪声的投诉越来越多,各级环保部门、卫生防疫部门、建筑设计部门、规划部门、交通部门、房地产开发商都应对此给予高度重视。

本案中，如果由环境检测中心出具的检测报告确实能够证明屋内噪声超过国家规定标准，房地产开发商应根据《中华人民共和国民法通则》第106条之规定："公民、法人违反合同或者不履行其他义务的，应当承担民事责任。公民、法人由于过错侵害国家的、集体的财产，侵害他人财产、人身的，应当承担民事责任。"该法第134条同时规定："承担民事责任的方式主要有：（一）停止侵害；（二）排除妨碍；（三）消除危险；（四）返还财产；（五）恢复原状；（六）修理、重作、更换；（七）赔偿损失；（八）支付违约金；（九）消除影响、恢复名誉；（十）赔礼道歉。"

因此，业主的诉讼请求应该能够得到人民法院的支持和理解，因为验收时噪声未超标并不代表使用一段时间以后仍然不超标，应该允许业主们聘请具有资质并备案的检测机构进行噪声检测鉴定，如果电梯噪声超过国家标准，房地产开发商或电梯生产、安装部门各自应承担相应的民事责任。

恶人砸汽车胆大妄为
保安视而不见是违规

前不久的一天傍晚,一名男子突然闯进北京某住宅小区。他来到停车场后,捡起砖头便朝着停放的多辆汽车一路猛砸过去。转瞬之间24辆汽车被砸得千疮百孔、面目全非,被汽车报警器惊醒的业主们齐心协力将砸车男子包围后抓住。令人气愤的是该小区物业公司聘用的几名保安人员此前竟一直跟着砸车人,眼睁睁看着此人恶意破坏他人车辆而不加以丝毫制止,更没有履行"保安"职责。这件事引起了该小区业主们对保安人员和聘任他们的物业公司强烈不满。业主们将砸车人及物业公司和公司所属的那几位保安人员一并告到人民法院。

法院在审理中查明,砸车人是因为与家人闹矛盾怄气,一时想不开便气急败坏地砸坏他人汽车发泄。他赔偿汽车所有者的损失是不容置疑的。但如果保安及时制止其违法行为,车主的损失也不会太大。小区业主们纷纷指责小区保安人员见坏人违法而不管的失职行为。

物业公司的"保安"是一种具有执法特点的职业,属服务行业的范畴。住宅小区保安人员,顾名思义,其职责应该是保卫住宅小区安全,保护小区内的公共财产和业主的财产不被侵犯,不受损失。当他们发现有人侵犯公共财产或损害业主们的财物时,其职责应该是及时制止不法侵害,并向公安机关报警。如上述事件中的小区保安人员对蓄意砸毁业主们汽车的恶劣行为不加制止,本身就是一种失职行为,就应追究其失职的责任。

根据我国《民法通则》106条之规定,"公民、法人由于过错侵害国家的、集体的财产,侵害他人财产、人身的应当承担民事责任。"在本案中,砸车人被判承担民事责任,并根据车辆损坏情况,赔偿车主损失。而物业公司及其聘用的保安人员在整个事件中属于严重失职,亦承担相应的赔偿责任。

如今物业公司聘用保安人员时,往往只重视保安人员的体能要求,招聘后往往忽视对他们进行思想道德和法律法规教育,致使一些保安人员素质低下,法制观念淡薄,从而造成业主的一些基本权益都无法得到有效保障。近年来,物业公司与业主的纠纷日益增多,其中相当多是由保安人员的失职引发的。北京现有住宅小区3000多个,绝大多数都由物业公司管理和维护小区正常运作,其招聘的保安人员共有十余万人,全国的这个群体人数众多。2009年9月28日国务院第8次常务会议通过,2010年1月1日起实施的《保安服务管理条例》对保安人员的行为进行了有效的规范和约束,填补了这一行业的法律空白。从而使"保安"这个行业开始走上了健康发展的轨道,使社区保安人员的行为规范有法可依,使业主的合法权益得到切实维护。

我们曾将家庭形象地比喻为社会的细胞,而一个社区是由多个家庭组成的,就如同社会中的一个大细胞。从法律上规范保安人员的行为和职责,为构建平安和谐社会、平安和谐社区提供了有力的法律保障。

业主汽车在小区丢失
物业应承担一定赔偿

张女士家住北京某小区,她有一天下班后将轿车停放在自己居住的小区停车场,第二天却发现汽车丢失。她找物业公司协商赔偿,未果,一怒之下将管理这个停车场的物业公司告上法庭。

在这起案件中,物业公司有没有责任,要看当时丢车的具体情况以及张女士与物业公司所签订的物业管理合同。《物业管理条例》第2条明确规定,物业管理的含义包括物业管理企业维护相关区域内的秩序。丢了车子,说明物业管理公司没有尽到责任。对于赔偿问题,从理论上讲小区内24小时有保安巡逻,并且还安装有监控器,业主又交了物业费,物业公司应负一定的责任。但目前我国有关物业管理方面的法律中对业主丢失财物后,是否负责赔偿的规定不是很具体和详细。因此,这就要看当初业主与物业公司所签订的合同是怎么约定的,尤其是物业公司是如何承诺的。这个合同中是否包括车辆在小区内的管理,交的费用是否包含看管车辆的费用。如果《物业管理合同》中双方没有具体约定,一般情况下车辆停放在有专人看管的收费停车场里,如有损坏或失窃,物业公司应属于未尽到看管责任,应该赔偿。如果双方有具体约定,物业公司有车辆保管义务的,那么业主的车只要停放在小区内,物业公司就应负责赔偿。

我国有一句"受人之托,忠人之事"的古训,小区业主既然将汽车托付给物业公司看管,物业公司则必须"忠人之事"。若物业公司措施不力,保管不善,乃至造成损坏或丢失,应该由物业公司负责赔偿。这其中,只要业主与物业公司之间的手续完善,关系明确,业主的财产安全不管出现任何"闪失",物管公司都将负有不可推卸的责任。但必须要有明确托付,并有托付的相关手续。也就是说,业主要停车,就应该有汽车停放卡之类的依据,也就是将车辆的保管权暂时交付与物业管理公司,在这段时间内物业管理公司有责任保证车辆安全。双方车辆保管关系一旦成立,责任明确,也就具有相关的法律依据。

《中华人民共和国合同法》367条规定:"保管合同自保管物交付时成立,但当事人另有约定的除外。"这其中虽没有一个准确的判定关系和司法审判的实际方法,然而却明确了一种时效与责任,谁要是对那种业已形成的关系视而不顾,把那种于情于理于法都该负的责任推而卸之,那就丧失了一种起码的法制观念。

北京市第二中级人民法院对此案作出判决,物业公司赔偿张女士3.2万元损失。在法庭上,物业公司辩称,公司与张女士无车辆保管关系,不同意赔偿。法院法官则指出,张女士向停车场交了停车费,因此停车场的管理部门——物业公司对张女士车辆丢失所遭受的损失应承担一定数额的赔偿责任。

由此可见,业主在居住的小区内丢了车,只要业主与物业公司的保管关系与停车位租用关系确立,物管公司给予赔偿就是天经地义的。

小区地下车库被转卖
引发矛盾核心是权属

王小姐于2007年购买了广州市天河区某住宅小区一套商品房，在购房时房地产开发商曾在购房合同中承诺会赠送小区业主个人地下停车位。但王小姐在收房时，却发现房地产开发商已经将小区所有地下停车位整体提前转卖给了另外一家公司独立经营。在地下车库转卖他人后，直接导致的是小区停车费涨价。此时便出现了地下车位有空位，很多业主却因停车费昂贵而不愿意购买，业主的汽车在小区内胡乱停放，造成拥堵的现象。王小姐为此多次与房地产开发商协商均未能解决，于是她准备将这家开发商告上法院。

这种地下停车位被房地产开发商转让的行为，间接侵害了业主的利益。据了解，小区的公共配套设施比如商铺、会所等被转让给他人的现象已不在少数。转让之后，这些公共配套设施的经营范围和功能已经不具有为小区配套服务了。这些设施功能的改变所引起的矛盾，已经成为小区业主与房地产开发商、物业公司矛盾的主要焦点之一。

其实，这类纠纷牵涉到的问题核心就是——小区公共配套设施的"主人"到底是谁的问题，究竟是房地产开发商还是业主？在《物业管理条例》中，目前只对停车位的使用作了相关的明确规定，即"小区内的机动车停车场（库），应当提供给本小区内的业主和使用人使用。停车位不得转让给小区外的单位和个人；停车位有空余的，可以临时出租给物业管理区域外的单位和个人。"而没有对共用设施和共用部位的权属等问题作出具体规定。

同时，目前住宅小区共用设施、共用部位的权属问题还涉及维修和费用的承担问题。比如哪些设施、设备属于全体业主共同共有；哪些属于部分业主共同共有；未分摊共用建筑面积的地下停车位权属，应属全体业主还是属于房地产开发商。如果属于全体业主，权证应如何发放、保管、使用，收益应如何分配，维修基金如何筹集、如何分摊。而对于房地产开发商已出售的地下停车位应如何处理及权属如何认定，部分业主或个别业主是否能对此提起诉讼等，法律法规尚缺乏明确规定。

关于王小姐能否获得开发商赠送的地下停车位问题，其核心是先要确定停车位的权属。如果王小姐找到相关证据，证明开发商承诺赠送给自己的停车位已属于自己所有，可据此向当地人民法院提起诉讼，要求法院认定开发商将停车位转卖给另外一家公司的行为无效。

小区停车位是否收费
先确定权属依法管理

最近,北京市东城区某小区的业主和物业公司之间关于小区内机动车停车位的所有权归属问题发生了纠纷。上百名业主聚集在小区内拉起了标语条幅,反对物业公司对小区停车位收取费用。业主们拿出了刚颁布实施的《中华人民共和国物权法》中的有关条文,指出停车位所有权与收入属于全体业主,物业公司无权收费。十届全国人大五次会议通过的《物权法》于2007年10月1日实施,这对住宅小区内业主的权益有了新的规定,使业主与物业公司之间原来就存在的矛盾出现了新变化。

面对业主们强烈反对物业公司收取停车费的呼声,物业公司辩解说,小区现行的停车位收费是严格按照北京市国土房管局颁布的《北京市居住小区机动车停车管理办法》执行的(这个办法2004年7月7日施行)。他们所收取的停车管理费将用于对损坏的停车位及相关公共设施进行维修保养,使小区内所有的业主都能够更安全便捷地使用公共设施。而与物业公司拿出北京市地方法律法规为依据不同,本小区业委会负责人拿出的法律武器是国务院颁布的《物业管理条例》和《中华人民共和国物权法》等。在司法实践中,地方制定的规定或办法如果与国家颁布的法律法规出现抵触,地方规定和办法必须服从国家法律法规。

按照《物权法》规定,小区公共土地的权益确实属于业主,但对于一些建设较早的小区,如果业主和房地产开发商之间对公共面积问题有约定的,应该按约定执行。然而,物业公司并没有权力支配公共土地,具有支配权的应该是房地产开发商和业主。物业公司如果要划定停车位收费,必须经过政府有关部门审批,且还要经过小区业委会同意。上述小区的业主并没有与房地产开发商约定公共用地管理和停车位收费问题，这种情况下，业主自然是公共用地的权益人。但是，如果政府有关部门已经审批停车位收费，业主们就需要通过法律途径先调查了解清楚，以确定自己是否拥有这块土地的权属，才能更好地维护自己的合法权益。

　　对于《物权法》未正式实施之前出现的此类矛盾，对业主权益并没有很大影响。随着《物权法》的出台，明确了车位的合法归属权，也就是说车位产权的合法地位，已经得到了法律的认可。面对资源稀缺的停车位，收费价格肯定会随着汽车保有量的增加而水涨船高。而房地产开发商和物业公司应该在国家法律法规的框架内，积极努力想方设法为小区缓解停车难问题，例如重新规划停车位、建设立体停车库等，这些都是构建和谐社区必不可少的条件。

所有人有权租卖车位
业主强租无法律支持

业主郑先生在承租使用小区的一个停车位将近三年时,接到物业公司塞进信箱里的书面通知,要求其必须尽快购买正在使用中的这个车位,否则将不能继续使用这个停车位。由于车位的租赁价格是一年4000余元,以此推算,购买这个车位的价格可以承租50余年,且购买车位要一次性付全款。郑先生一时拿不出这么多钱,想继续承租而拒绝购买,遂以物业公司强行向自己售卖车位为由诉至当地人民法院,要求确认其对车位的继续承租权和使用权。

据郑先生称,几年前,自己与小区物业公司签订了一份《车位租赁协议》,承租了一个车位。最近物业公司的上级单位——某房地产开发公司突然要求自己购买该车位的所有权,而且物业公司还以此为由停止与自己续签《车位租赁协议》。郑先生认为,停车位属于小区的公共配套设施,被告物业公司对该车位没有取得有关部门颁发的权属证明,其强行售卖车位属违法行为。为此,请求法院确认自己对车位的继续承租权和使用权。

对此,被告物业公司表示,本公司与原告郑先生签订的《商品房买卖合同》中没有对停车位的归属作出约定,该停车位所属车库面积并没有列入公摊面积,其所有权应归本公司的上级单位——某房地产开发公司所有,故本公司有权代表上级单位出售或是出租。如今原告郑先生与物业公司签订了一年期的《车位租赁协议》已经到期,双方并没有续约,其无权继续使用。并且本公司已经取得了诉争车位所在车库的所有权证,因此不同意原告郑先生的诉讼请求。

法院审理此案后认为,被告物业公司代表房地产开发公司作为诉争车位的所有人，通过出售的方式约定车位的归属符合相关法律规定，因此驳回了原告业主的诉求。

对于本案中被告物业公司作为诉争车位的所有人，通过出售的方式约定车位的归属，符合相关法律规定。原告郑先生与被告物业公司未就续租问题达成一致，因此原告郑先生要求确认其对诉争车位继续享有承租、使用权的主张，不会得到法院的支持。目前，停车位问题会随着城市有车族的日益扩容与小区停车位的稀缺成为当前及未来城市住宅小区发展的瓶颈。据了解，全国各大城市不断攀升的汽车保有量与有限的小区停车位数量之间的矛盾日渐突出，且停车位的售价越来越高。

但是，无论小区停车位的产权归谁所有，如果要出售停车位，都必须提前一个月书面通知当前的承租人。在本案中，物业公司有义务通知原告郑先生，需要注意的是口头通知是无效的。此外，按照相关法规，作为现有承租人，在同等交易条件下，郑先生有优先购买权。因此，在这一点上，物业公司并没有过错。

业主停车位突然被占
物权排他性位归原主

家住北京朝阳区某小区的武先生 2005 年和小区开发商签订了《车位买卖合同》，该合同中明确规定，武先生对已购买的车位享有 50 年使用权。

可就在前不久，武先生回家停车时发现自己车位前面突然立起了一堵 1 米多高的、显然是刚刚砌起来的砖墙，而且车位的地锁也被拆掉扔到一边了。武先生认为，车位是自己买下来的，开发商在不通知业主的情况下擅自对车位进行处置，这种行为性质很恶劣，简直可以和擅闯民宅相提并论了。武先生马上找到小区物业公司，他认为，物业公司负有对业主所购买的车位进行维护和管理的职责，如果房地产开发商需要占用业主的车位进行施工，物业公司就应该提前与业主商量，以维护业主的权利，如果没有告知业主，那就是物业公司的失职。因为武先生虽然购买了该车位，每月还要付给物业公司 80 元的管理费，物业公司有义务尽到管理车位的责任。

对此，物业公司始终不肯站出来解决这件事情，问题一拖就是半个月。前些日子武先生又一次找到物业公司负责人，还是希望物业公司能够帮忙同房地产开发商协商解决此事。但是物业公司负责人以业主是跟房地产开发商签订《车位买卖合同》为由，对此事进行推脱。听了物业公司负责人的说辞，武先生便去找小区房地产开发商的楼盘销售经理。由于电话一直打不通，事发 2 个月了，房地产开发商也没站出来说清楚这件事，而武先生的汽车一直未能入停车位，而只能停在别处的收费停车场，并因此造成诸多不便及经济利益受损。

武先生被逼无奈只得向小区房地产开发商发出了律师函，准备通过法律诉讼来解决这件事情。《中华人民共和国物权法》中第74条有明确规定：建筑区划内，规划用于停放汽车的车位、车库的归属，由当事人通过出售、出租或者附赠等方式约定。另外根据《中华人民共和国合同法》的相关规定，武先生既然已经同房地产开发商签订了《车位买卖合同》，也就标志着他获得了这个停车位的所有权。由于物权的排他性，当任何人侵犯或者妨碍他正常使用这个停车位时，武先生都有权利依法制止。所以，房地产开发商应该转变态度，妥善处理此事，早日将那堵新砌起来的墙拆掉，并将停车位归还给车位主人武先生，并赔偿武先生在此期间的停车损失。否则就要承担相应的法律责任，包括对业主赔礼道歉并给予经济赔偿。同时，由于物业公司在此事上负有一定的失职责任，也应受到追究。

新房墙壁霉变又脱落
业主可退房要求赔偿

来自湖北的魏先生在北京工作多年后在丰台区买了一套精装修商品房。没想到，在刚进入供暖期的时候，他家客厅和卧室的墙壁出现大面积发霉，灰黑的霉点在白色的墙壁上相当刺眼，且有墙皮脱落。魏先生见此情况立即让小区物业公司通知开发企业尽快来维修，对方当时表示马上派人来维修。可是，魏先生左等右等就是不见人来，后来对方又以种种理由敷衍搪塞，拖了一年多时间也未来维修。魏先生家的墙皮脱落现象越来越严重，卫生间和厨房贴的瓷砖也不断往下掉。夜里睡觉时，有时竟被屋顶掉下来的墙皮砸醒，屋里的墙壁和屋顶一片千疮百孔的样子。魏先生一家人认为居住在这样的房子里整天担惊受怕，提心吊胆，已经严重影响到自己居住，便搬出了新屋。

开发企业的态度让魏先生一家非常气愤，觉得开发企业的做法太不负责任。不仅没有解决问题，而且连为何导致发霉的确切原因都没有调查清楚。无奈之下，魏先生把开发企业起诉至当地人民法院，要求退房并赔偿损失，为自己的合法权益讨个公道。

稍有常识的人都知道，房屋发霉和施工质量肯定有直接关系。如果魏先生要求开发企业承担违约责任赔偿损失，是理所当然的。在本案中，魏先生面临两种选择，第一是要求开发企业修房，由于房屋本身存在质量问题，所以开发企业要依法承担相应的赔偿责任。第二是要求开发企业退房。根据最高人民法院《关于审理商品房买卖合同纠纷案件适用法律若干问题的解释》第13条之规定"因房屋质量问题严重影响正常居住使用，买受人请求解除合同和赔偿损失的，应予支持"。如果魏先生认为，房屋发霉已经严重影响到了自己的正常居住和使用，且开发商态度恶劣，故意拖延时间不进行维修,便可以要求开发企业退房并承担相应的赔偿责任。

法院在审理此案后认为,由于开发企业卖给魏先生的这套房子存在质量问题,导致房屋发霉的质量问题和原因完全是开发企业的过错造成,并已经严重影响到购房者的正常居住使用。所以魏先生要求同开发企业解除购房合同,并要求相关赔偿的做法符合法律规定,应该得到支持。

这里要说明一点,法律在保护当事人合法权益的同时,对公民在行使权力时也是加以限制的,这是法治社会基本理念之一,主要是为了防止权力的滥用。也就是说,并不是所有的房屋出现了质量问题,业主都可以退房,在上面提到的最高人民法院司法解释中已经明确指出,只有房屋质量问题严重且影响到正常居住的时候才能退房。在本案中,魏先生家房屋墙壁发霉主要是因为开发企业使用的墙体装饰材料不达标,以及在施工中未按技术规范操作,所以导致墙皮和瓷砖大面积脱落问题,且开发商故意推延而不进行维修,使这座房屋的质量问题越发严重而令魏先生一家不能正常居住使用,而开发商何时能够对这套新房进行彻底维修好还是个未知数。因此,魏先生要求退房并赔偿相关损失,其诉讼请求得到了法院的支持。

买房后验收发现漏水
依法维权问题终解决

购买的商品质量出现问题,有些消费者希望能够退换。如果购买的商品房出现质量问题,购房者如何维权呢?购房者是采取退房还是要求修房呢?萧先生便和开发商之间发生了一起因商品房质量造成的法律纠纷。

2008年底,家住北京市的萧先生购买了一套价值65万元的商品房。在验房时他发现房屋的卫生间和厨房有多处漏水现象,便要求房地产开发商尽快维修。开发商派人经过2个月的维修后,漏水问题基本解决。萧先生一家正准备搬进新房,却发现仍有个别地方漏水,虽然漏水情况比以前有所减轻,却没有得到彻底解决。最后认定漏水的原因是屋顶防水层存在裂缝,由于难以确定裂缝位置,维修起来难度颇大。鉴于这套房屋一时难以彻底修好,且已经影响到萧先生一家的正常居住使用,萧先生便向开发商提出退房要求。但开发商却以该房屋具有《建筑工程竣工备案表》为由,只答应继续抓紧维修,并对该房再做一次全面的防水层,却拒绝退房。萧先生便将开发商诉诸法庭。

这起事件暴露了目前商品房质量监督体系的管理盲区。同时也说明,即便是取得了《建筑工程竣工备案表》,也并不能完全表明此房屋就是质量完全合格的产品。据了解,《建筑工程竣工备案表》只是建设、设计、施工、监理及有关建设行政管理部门等各方对已完工建筑物的施工行为是否符合相关法律法规和建筑设计所作的验收报告,并不能证明该建筑物没有质量问题,这在无形中增加了房屋质量纠纷发生的可能性。

通常情况下,房屋买卖纠纷主要遵循《商品房销售管理办法》和最高人民法院《关于审理商品房买卖合同纠纷案例适用法律若干问题的解释》来解决。但此案的问题关键是，究竟房屋的质量差到什么程度才可以称得上是"严重影响正常居住使用"？萧先生是否可以因为"影响正常使用"而要求开发商赔偿？是否能据此提出退房？

目前现行法律及司法解释中对购房者以房屋质量有问题为由要求退房的情况只是规定"严重影响正常居住使用"。这样的提法在实际操作中还是难以把握，因此，一般情况下，商品房只要经过维修后还能居住，消费者的退房要求便缺乏有力的法律支持。后来，开发商对房屋重新做了防水处理，漏水现象终于被止住。这时房价开始大幅攀升，这套房子的市场价格已经超过原来的购买价格。在此情况下，萧先生同意了法庭的调解，开发商对萧先生一家延迟半年多搬进新居作出适当补偿，萧先生不再要求退房，他终于搬进了这套房子。

此案的解决除了开发商一直在努力解决问题，还由于房价攀升的偶然因素。然而在正常情况下，在涉及房屋质量问题的相关法律法规尚不明确的情况下，购房者可以依据现已颁布的法律法规主张自己的合法权益。因为商品房毕竟还是属于一种具有商品属性的大宗商品，购房者可以依据《消费者权益保护法》中关于商品质量的有关规定，主张自己的合法权益。如向人民法院提起诉讼，要求开发商赔偿在维修房屋期间拖延自己如期居住造成的损失，以及赔偿因房屋质量问题造成自己财产的损失，甚至提出退房要求等。

房漏业主拒交物业费
主张抵消做法不合法

徐先生是北京朝阳区某住宅小区的一位业主，2004年入住该小区。几场大雨后，徐先生便发现天花板有水渗湿的现象，后来竟然发展到漏雨的地步。于是徐先生找到小区所属的物业公司报修。物业公司立即通知了原施工单位对徐先生家外墙进行了防水处理。而此时徐先生与开发商对漏雨造成损失的赔偿问题产生了争议。徐先生认为自己购买房屋是为了一家人居住，可现在因为漏雨无法使用，并且屋内的装饰装修也遭到了不同程度的破坏。他认为这些损失是由于开发商施工质量不达标造成的后果，因此不准备缴纳下一年的物业管理费和供暖费，并表示自己的行为属于法律法规中所提到的抵消行为。

房地产开发商承认徐先生家的房屋确实存在质量问题，也愿意赔偿由此带给徐先生的部分经济损失。小区物业公司认为自己及时联系施工队维修徐先生的房屋，该房屋存在的质量问题跟物业公司没有关系，徐先生没有理由不缴纳物业管理费。另外，如果徐先生拒交供暖费，物业公司将会受到经济损失。

在上述事件中，我们看到开发商与徐先生之间存在合同关系，由于房屋存在质量问题，开发商基于赔偿责任对徐先生负有债务。同时，徐先生与物业公司同样也存在合同关系，只要物业公司如约履行了自己的义务，徐先生不缴纳物业管理费和供暖费，就是徐先生对物业公司负有债务。

徐先生准备采取直接向物业公司主张抵消的做法不符合法律规定。根据《中华人民共和国合同法》第99条之规定，当事人互负到期债务，该债务的标的物种类、品质相同的，任何一方可以将自己的债务与对方的债务抵消，但依照法律规定或者按照合同性质不得抵消的除外。也就是说，开发商与物业公司之间没有债权、债务关系。因此徐先生主张抵消的说法是不妥的，因为开发商对徐先生负债而徐先生却对物业管理公司负债，这两种债务虽然都是金钱债务，但是并不符合"当事人互负到期债务"的条件。因此，至于徐先生房屋漏雨造成的经济赔偿问题，他可以同开发商协商。而物业公司收取的物业管理费和供暖费还是需要按规定如数缴纳。

窗户从天而降砸坏车
属房屋质量问题获赔

董先生住在北京市宣武区某小区,一天傍晚他回家时发现自家楼下好多人在围观。走近一看,发现是由于楼上一扇塑钢窗户从楼上掉下来,砸坏了停在楼下的汽车,令董先生没有想到的是,这扇窗户是从自己家厨房掉落下的。车主刘某当时非常懊恼,但在冷静后跟董先生说,因为自己的车上了保险,出了这种事故可以找保险公司理赔。

本以为这件事就此过去,可是半年后,为车主刘某提供保险的保险公司依据《中华人民共和国保险法》规定的代位追偿权,将董先生告上法庭。在这里需要说明的是,所谓代位追偿权就是当投保人的投保项目出险后,由承保人保险公司先行赔付,然后保险公司就有权向造成事故的第三方进行追偿,同时也是为防止被保险人因损失而获取不当得利。

在法庭上,原告方根据《民法通则》第126条规定:"建筑物或者设施以及建筑物上的搁置物、悬挂物发生倒塌、脱落、坠落造成他人损害的,它的所有人或者管理人应当承担民事责任",要求董先生赔偿修车费4万元。作为被告的董先生首先证明自己并不是房屋的管理人和所有人,当初入住时,由于房屋质量出现了很多问题,所以一直没有办理产权手续,因此房屋的所有人至今还是开发商。第二,董先生出示了一份专业鉴定机构对自己家门窗进行的质量鉴定报告,报告上写明了窗户安装方法不符合规范规定。在此要说明一下,我们国家关于房屋质量问题有很多规定,建设部以前曾经颁布42项强制规范,所有建筑商和开发商都必须遵守执行。

作为被追加成被告的房地产开发商对此却不认同,他们认为此鉴定报告有不实，根本不承认小区房屋质量有问题。可当法庭示意如果房地产开发商对此质量鉴定报告有疑义，可以申请重新鉴定时，开发商又不愿意了，答案是显而易见。因为要对一栋楼的所有门窗都进行质量鉴定的话肯定是一笔不小的开支，会比赔偿一场官司4万元还多，这一点开发商盘算过了。最后，窗户坠落的原因被确定为是由于房屋建筑安装质量问题引起的，法院据此对本案作出判定，由开发商承担全部赔偿责任支付保险公司4万元，同时判定开发商承担本案的全部诉讼费用。

房屋质量的好坏，一直以来都是消费者最为关心的问题。消费者应该懂得如何利用法律武器来维护自己合法权益。在最高人民法院《关于审理商品房买卖合同纠纷案件适用法律若干问题的解释》中规定，只要通过政府有关部门指定的鉴定机构鉴定后，房屋主体质量不合格的（包括质量等级不合格），就可以退房并要求赔偿损失；此外还规定，只要房屋质量严重影响正常居住使用的，购房者均可提出退房和赔偿损失。当人们在买房过程中及日后发现质量问题，一定要尽快解决。在上述案件中，如果不是董先生已经聘请了专业鉴定机构对房屋质量进行过鉴定，那就很有可能和开发商共同承担责任。所以，在房屋买卖过程中，作为买受人，一旦发现房屋质量问题，应该及时请鉴定机构进行鉴定，需要修复的必须尽快修复。只有这样，作为买房者的权益才能受到保护。

当然，解决房屋质量问题，除了打官司还有三种方式可以解决。第一种方式是向有关行政主管部门投诉。第二种方式是调查和协商。基层房地产管理部门、人民调解委员会或有关行政主管部门作为调解第三人，在纠纷的双方当事人自愿的基础上，通过商量达成和解，业主也可以和开发商自行协商解决。第三种方式是仲裁。房地产纠纷交付仲裁的前提是双方当事人在合同中订有仲裁条款，或者事后达成书面仲裁协议，否则仲裁机构无权受理。仲裁的优点是快捷，仲裁机构和仲裁庭的成员是由当事人双方自行选定的，有利于减少纠纷双方的对立情绪。

暖气漏水殃及楼下户 业主要求赔有法可依

北京海淀区某小区的刘先生家里发生了一件让他非常窝火的事。前不久他下班回家时发现，卧室暖气片漏水，水从复式结构房屋的二层一直流到一层，造成地板、家具及部分家用电器等物品浸水，墙壁壁纸、吊顶脱落，并且渗透到楼下邻居家。

刘先生立即通知物业公司派人进行维修。物业公司找到水暖施工单位，但水暖施工安装单位方认为，不是他们施工质量原因造成的漏水。暖气片生产商认为，他们的产品没有质量问题。水暖施工单位和暖气片生产商都怀疑是业主装修房屋时对暖气管道进行了改造，因而造成损伤。刘先生十分肯定地说，他请的装修人员在装修中未对暖气管道进行改造，因而不可能造成损伤。小区开发企业有关人士说，目前水暖施工单位虽然有保修款在开发公司，但水暖施工单位和暖气片生产商都对漏水不认账，我们也不能从保修款中拿钱赔付业主。根据相关法律规定，如果业主请专业检测机构对暖气设备进行技术鉴定，并能证明是产品质量问题，就应该由采买这些暖气片的开发商先行向业主赔偿损失，然后其再向生产商追究责任。如果是业主装修擅自改装暖气而漏水，则由业主自己负责。

在经过产品鉴定中心鉴定后证实，散热器漏水原因系因散热片质量不符合相关规范的规定，散热器片存在沙眼所致。刘先生可以依据《住宅质量保证书》，在保修期限内发生的属于保修范围的质量问题，房地产开发企业履行保修义务，并对造成的损失承担赔偿责任。另根据最高人民法院《关于审理商品房买卖合同纠纷案件适用法律若干问题的解释》第13条第2款之规定："交付使用的房屋存在质量问题，在保修期内，出卖人应当承担修复责任；出卖人拒绝修复或者在合理期限内拖延修复的，买受人可以自行或者委托他人修复。修复费用及修复期间造成的其他损失由出卖人承担。"

　　综上所述，即使房地产开发商向购房者交付房屋时提交了《住宅质量保证书》和《住宅使用说明书》，也并不意味着他可以在交付房屋后而不承担因房屋质量等问题而引起的责任。业主可以依据《住宅质量保证书》在保修期内，与开发商约定的保修范围、保修责任，要求房地产开发商承担维修义务。如果房地产开发商不履行应尽的维修义务，以及拒绝对购房者造成损失的，购房者可以向所在地的建设工程质量管理部门投诉，也可到当地人民法院起诉房地产开发商。

楼房下水道堵塞溢污
共同使用人都要担责

人们购买的新居如果是毛坯房，入住前大多要进行装修，装修后的瑕疵可能会包括造成公共设施损坏。对此，业主是否需要赔偿？这往往涉及业主相邻关系的问题，如处理不好，则会造成相邻关系不和谐。

2008年2月，原告唐先生购买了位于重庆市沙坪坝区某小区一层的1套房屋，该楼共有18层，他装修完毕后因故未去入住。2009年初唐先生一家准备入住新居，此时他发现房屋内整个地面被深2厘米的污水、粪水浸泡，地板家具等受损严重。经物业管理维修人员现场查勘，确认为4号房屋次卫生间的排污管道堵塞，最终从该排污主管道清掏出拖布布条、毛巾、钢丝球等杂物，清掏后管道正常排水。同年2月和4月，唐先生房屋内又两次发生类似情况，经评估，三次管道堵塞给唐先生造成损失9100元。经查明，该楼所有4号房屋次卫生间的排污管道与其他管道相对独立，除了7层和18层的4号房屋尚未装修也未入住外，楼上其他15名4号房屋的业主均有不当使用的可能。

现实生活中，部分业主对自己购买的建筑产品行使所有权或使用权时，如果不加注意，就会产生不当使用的后果，这是造成邻里之间矛盾的缘由。这使得一些城市新建住宅楼引发的纠纷日益增多，如用水、排水、通行、通风、采光等方面是容易产生邻里纠纷的环节。在《物权法》的第7章"相邻关系"中规定了9条内容，明确提出"不动产的相邻权利应当按照有利生产、方便生活、团结互助、公平合理的原则，正确处理相邻关系。"维护相邻权利人的权益，促进邻里关系的和谐是构建和谐社区的关键。

重庆市沙坪坝区人民法院在认真审理这起案件后认为，4号房

18家住户作为上下楼邻居,共同使用同一排污管道排放生活污水,应共同维护管道的通畅,保证公共设施的正常使用。原告的房屋位于排污管道的最底端,排污管道被杂物堵塞可以推定是由4号房已装修或入住的住户不当使用排污管道造成。鉴于无法确认杂物的直接来源,在无免责事由的情况下,按照公平原则,应当由使用该管道的各住户共同承担法律责任,即由共同使用该管道的包括原告唐先生在内的已进行装修的4号房16名业主平均分担原告的财产损失,遂作出一审判,判决郭某等15名被告每人赔偿原告唐先生经济损失568.75元。

　　相邻各方在行使所有权或使用权时,要互相协作,兼顾相邻人的利益。由于相邻关系的种类很多,法律很难对各种相邻关系都作出具体规定,这就需要人民法院在处理相邻关系纠纷时,从实际出发,进行深入的调查研究,兼顾各方面的利益,适当考虑历史情况和习惯,公平合理地处理纠纷。

楼房漏雨不知何所致
依法请检测解疑释惑

有些年久失修的老式平房漏雨是一种较常见的现象，但是新建成的楼房漏雨就不是常见的了。住在成都某小区的吴先生一家就有这样一次经历。

这事要从头说起，一天傍晚，吴先生和妻子下班回家，一进门就被眼前的情景弄个目瞪口呆，自己新买的房子因为楼顶漏雨，已经"水漫金山"。吴先生和妻子不顾上班的疲惫，急忙又是搬家具又是排水，折腾得筋疲力尽。事情过后，夫妻俩琢磨着房子是自己新买的，以前下雨都没事，怎么就今天突然漏雨呢？

第二天吴先生就找到物业公司要求检查房屋漏雨的原因，并要求给予维修。物业公司对于吴先生的要求很是配合，当即派工人上门维修。维修工人在查看完吴先生家漏雨情况后发现，漏雨原因很可能是因为吴先生家楼上住户章先生家在平台长期养花浇水所导致。听闻原因，吴先生马上找到楼上邻居章先生并询问能否让专业的检测机构来帮助鉴定责任，但却遭到章先生家拒绝。章先生说楼顶平台是当初买房时开发商赠送的，还签订了合同，可以任由自己支配。房屋漏水很可能是因为开发商施工不当所造成，并声称自己家是私人住宅，不许别人进入。吴先生面对章先生的拒绝很是无奈，眼瞅着自家的房子不知何时又会漏雨而心急如焚。然而，物业公司对于章先生的做法也没办法，总不能私闯民宅强行进入吧。

根据我国《物权法》第70条之规定，业主对建筑物内的住宅、经营性用房等专有部分享有所有权，对专有部分以外的共有部分享有共有和共同管理的权利。也就是说开发商赠送给章先生楼顶平台的行为很可能只是无效合同。因为这些楼顶平台应该属全体业主所有，开发商想要赠送或使用这些区域，必须经全体业主同意，其单方面承诺（即使将这种承诺写进合同中）没有任何法律效力。并且，如果业主随意改变屋顶用途，业主委员会可以通过相关法律程序要求其恢复原状。另外根据该法第71条之规定：业主对其建筑物专有部分享有占有、使用、收益和处分的权利。业主行使权利不得危及建筑物的安全，不得损害其他业主的合法权益。楼顶平台是属于小区所有业主的公共空间，其中包括外墙、楼梯、楼道及小区道路、绿地、及公共设施、设备都是全体业主的共有财产，任何人占用、使用公共区域要经业主大会通过。只有通过全体业主大会才能决定楼顶空间如何使用，即使是物业公司或者开发商想承诺赠与也必须经过业主委员会同意。

在此事件中，吴先生可以向当地人民法院提起诉讼，并在法院的支持下请检测机构对楼顶平台的防水层进行检测。一旦检测结果出来，就可以辨清吴先生家房屋漏水是开发商因为施工不当还是因为章先生长期对花草浇水导致防水层被破坏。

这件事也提醒广大业主在购买房屋时，不要被开发商广告上所说赠送花园、平台所忽悠。因为这些花园、平台都是属于小区所有业主的共有面积，开发商是无权赠送的。一旦有其他业主对某一户业主的花园、平台提出疑义的话，都可以向人民法院提起诉讼，通过司法程序来维护当事人的合法权益。

新房漏水谁承担责任
施工日志起证据作用

沈先生在 2002 年初购买了一套位于北京市西城区的商品房，入住半年后，他突然发现自家房屋顶和暖气管有多处漏水的现象。他向小区开发商报修后，房屋施工单位对房屋进行了修缮。随后，在 2004 年至 2008 年之间，沈先生家接连发生房屋渗、漏水问题，他多次向小区开发商报修，但问题始终没有得到彻底解决。日前，沈先生忍无可忍，找到开发商要求其彻底解决自家房屋漏水问题，保证房屋能够正常使用。

开发商表示，根据《建设工程质量管理条例》及《房屋建筑工程质量保修办法》的规定，屋面防水工程、有防水要求的卫生间、房间和外墙面的防渗漏保修期限为 5 年。从沈先生提交的维修记录单看，其后来几次报修时间分别在 2007 年 3 月、9 月、10 月及 2008 年 4 月、7 月，均发生在保修期满之后，所以维修责任不应由开发商承担。开发商同时认为，在保修期内，自己作为施工单位已经积极履行了保修义务，在保修期限满后，沈先生因屋顶防水工程所发生的维修事项，可通过申请小区专项维修资金来解决。

商品都有保修期，房屋也不例外。根据《商品房销售管理办法》第 33 条之规定，房地产开发企业应当对所售商品房承担质量保修责任。当事人应当在合同中就保修范围、保修期限、保修责任等内容作出约定。保修期从交付之日起计算。开发商是否应对房屋漏水问题进行修缮，主要看沈先生能否提供有利证据。

根据国务院发布的《建设工程质量管理条例》相关规定，开发商关于房屋防渗漏的保修期限为 5 年。而在沈先生提交的维修记录单中显示的最晚保修时间已超过 5 年。因此在这种情况下，沈先生则需要找到5年前施工单位首次为其房屋修缮漏水问题时的施工日志。因为施工日志是在建筑工程整个施工阶段的施工组织管理、施工技术等有关施工活动和现场情况变化的真实的综合性记录,也是处理施工问题的备忘录和总结施工管理经验的基本素材。

施工日志与维修记录单具有同种法律效力,如果施工日志中记载了沈先生房屋漏水的详细原因及修缮情况,则可证明漏水问题从沈先生办理房屋验收交接手续后第二年便存在,开发商应在出现问题初期彻底将其解决。正是由于开发商在漏水初期对沈先生的房屋漏水问题未予足够重视,才导致之后几年内沈先生的房屋反复漏水,开发商有义务保证沈先生的房屋正常使用,应为其提供漏水修缮服务。此外,沈先生也可请相关部门检测机构对房屋漏水质量问题进行鉴定。如果鉴定结果显示开发商在施工时使用劣质产品或操作规程存在问题,开发商也应承担房屋漏水修缮责任。

暖气管爆裂邻居遭殃
确定责任人依法赔偿

在北京市某小区居住的魏先生一家,春节期间回外地老家过年。当他们过了正月十五回到家时,全家人被眼前一片狼藉的情景弄得目瞪口呆。只见所有家具都泡在水中,木地板已经一塌糊涂了。幸亏魏先生在临行时断电拉闸,否则后果将不堪设想。事后经了解,原来是因为魏先生家楼上业主欧阳先生一家春节外出旅游,室内暖气管爆裂后没有得到及时修复,才导致魏先生家遭受连累。

我国北方住楼房的居民家里大都安装有供暖设施,其成为人们冬天里室内必不可少的取暖工具。小区居民家用供暖设施的安装和使用都是由有关部门统一管理的,安装、使用及维护的技术要求高,因而对其保管与使用都有一套技术规范,如果稍有不慎就可能酿成祸端。魏先生一家便是这类事故的受害者。针对此事的解决办法,应先确认楼上业主欧阳先生家暖气管爆裂和魏先生家被淹是否存在因果关系,再确认暖气管爆裂的原因是什么,是因为建筑安装公司安装时不合规范,还是因为供暖部门对暖气管道管理不当,或是欧阳先生私改或损坏暖气管道。一旦责任确认后,就可以依法进行索赔。

如果是由于楼上业主的责任,造成楼下魏先生家财物损失,在法律上可以运用相邻关系作为责任认定的依据。根据我国《民法通则》第5条之规定:"公民、法人的合法的民事权益受法律保护,任何组织和个人不得侵犯。"同时,《民法通则》第83条和《物权法》第84条也有明确规定,不动产相邻各方,应当按照有利生产、方便生活、团结互助、公平合理的精神,正确处理截水、排水、通行、通风、采光等方面的相邻关系。给相邻方造成妨碍或损失的,应当停止侵害,如果已经造成妨碍他们正常生活的结果,就要尽快排除妨碍,恢复原状。如果因为自己原因造成他人经济损失的,还应该依法赔偿损失。

　　与之相对应的,如果经过相关技术部门鉴定后,确定是因为建筑安装部门或物业管理部门在安装和管理暖气管道过程中,违反了技术要求或失职而造成楼上业主欧阳先生家暖气管爆裂而发生水灾,那么,魏先生可以依法向责任单位或部门进行索赔。如果遭到拒绝,魏先生可向人民法院提起诉讼,要求责任方赔偿。

业主起诉物业遭报复
雇凶伤人属共同犯罪

前不久,北京市通州某小区内的30多名业主因热水供应问题,联名起诉本小区物业公司,业主夏侯先生是业主代表和代理人。其间,身为该小区物业公司经理的刘某曾找到夏侯先生要求其动员众业主撤诉,但遭到夏侯先生拒绝。此后,业主夏侯先生屡次遭人恐吓。有一天,夏侯先生夫妇在小区附近散步时,四个穿黑衣服的彪形大汉突然从后面围上来,趁夏侯先生夫妻俩没有防备之际,将他们打成重伤。

业主和物业公司之间的关系从民事的角度讲,是一种委托和被委托的关系,从行业的角度来讲,是一种服务和被服务的关系。物业公司有两项职责,一是对"物"的管理,二是对"人"的服务。在涉及与业主的关系中,物业公司更应该加强"服务"功能,物业管理公司更为贴切的称呼应是物业服务公司。

由于历史的原因和局限性,很多小区的物业公司或属于开发商或是由开发商指定。只要小区业主按时按规定缴纳了物业费和热水费,物业公司就应该按规定供应达到一定温度的热水,而不能恐吓或威胁,更不能殴打小区业主实施刑事犯罪。如果物业公司不能履行其职能,小区业主应以合理合法的手段和按照有关规定,对物业公司提出批评。必要时,业主委员会经过表决等法定程序,可以要求更换物业公司。在保障业主的这项基本权利方面,法律是明确的,政府也应该有更大的作为。换言之,既然是业主出钱请物业公司,那么,业主的权利就必须得到保障。

据了解,在一些地方发生的业委会工作人员被打事件往往都是因为其维护业主们的权利,与物业公司产生了矛盾。业主们的权益受到侵害甚至遭到殴打、砍杀的事例已屡见报端,最终能将幕后黑手抓获，发现往往是由物业公司的人所指使。本文所讲的此案在北京市尚属首例。我国的《刑法》虽然没有买凶伤人的罪名，但是违法者花钱买凶是一个值得人们关注并引发思考的新现象，这种现象实际上是符合教唆特征的。唆使他人犯罪的，应该被视为教唆犯，这个罪名的确定要参考教唆犯罪的性质与被教唆人实施犯罪的程度。买凶只是教唆犯为达到自己目的而实施的一种犯罪手段，只要被教唆者实施犯罪的行为和情节符合犯罪构成，其罪名即可成立。

本案经法院审理后认为，物业公司经理刘某指使他人将业主夏侯先生夫妇打伤，刘某本人和打人者均应受到法律的制裁，并承担相应的赔偿责任。刘某作为物业公司经理，在工作期间唆使他人打人，可见物业公司自身疏于监督管理，是打人事件发生的重要原因，故物业公司应承担连带责任。根据《中华人民共和国刑法》第234条之规定，故意伤害他人身体的，处3年以下有期徒刑、拘役或者管制。犯前款罪，致人重伤的，处3年以上10年以下有期徒刑；致人死亡或者以特别残忍手段致人重伤造成严重残疾的，处10年以上有期徒刑、无期徒刑或者死刑。雇凶伤人属于故意伤害罪的共同犯罪形态，雇佣者和受雇者都要被依法追究刑事责任。

此案提醒人们，物业公司员工素质亟待提高，对物业公司的资质认定审核是其进入这一行业的先决条件，对物业公司员工（包括经理）进行法律法规教育是一件刻不容缓的事情。

物业公司随意停水电
属于侵权是违法行为

2006年夏天,广州市某住宅小区物业公司在炎热的天气里,把小区内业主们的水电停掉了,这对于广大业主来说实在难以忍受。而停水电的原因居然是物业公司对正在小区内进行施工的某施工队人员一些做法不满意所采用的极不理智做法,从而伤及无辜——小区广大业主。此小区物业公司的这种做法是典型的侵权行为,不但于事无益,还可能引发更大矛盾。本应该安居乐业的小区业主,却因为小区施工单位和物业公司有矛盾而遭到停水电的连累。这是物业公司管理者管理不善和不懂法所致,不少小区物业公司与业主纠纷的发生和矛盾的激化往往和物业公司人员不懂法、甚至违法分不开。

物业管理公司不属于小区内的供水供电人,不享有停水停电权。就如停电话的权力由电话局控制一样,停电、停水的权力应该属于自来水公司和供电公司。现在一些小区安装有可控制水、电供应的阀门和配电室,这些设施一般是由物业公司看管或控制。只要业主交了水、电费,物业公司是没有权力来停水停电的。停水停电权力是供水供电企业的一项重要的合同履行抗辩权,水、电的提供与使用是业主与水、电供应商之间形成的一种法律关系。承担物业管理服务职责的物业管理企业是小区业主们请来的管家,是应该按照《物业管理条例》的相关规定承担相应责任的公司,无权擅自停止对业主们日常生活至关重要的水、电供应,否则即是对业主的侵权。

2010年10月1日正式开始实施的《北京市物业管理办法》中第33条规定,物业管理区域内,供水、供电、供气、供热、通信、有线电视等专业经营单位应当向最终用户收取有关费用,并依法承担相关管线和设施设备的维修、养护责任。

物业服务企业接受委托代收钱款费用的,应当向业主出具专业经营单位的发票,并不得向业主收取手续费等额外费用,不得以业主拖欠物业服务费为由要挟或者变相限制专业服务。

此前,有些小区的物业公司和业主发生纠纷后,往往用停水、停电等手段要挟业主,影响业主们的正常生活,也使得按规定缴纳物业费的业主受到连累。最新颁布的这个《办法》实施后,物业公司再用这种办法就是违法。《办法》明确规定,任何物业企业,都不得以业主欠交物业费为由,限制或者变相限制专业服务,不可以断水断电、停止供暖供气。否则,就违背了其法定职责与义务,必须承担相应的法律责任。另外,物业公司接受委托代收水、电、热、通信、有线电视等费用时,必须向业主出具相关发票,不得据为己有。

在上述这一事件中,物业公司的行为是法律所不允许的。小区业主应该依法主张自己的合法权益,物业公司应为自己的违法违规行为向广大业主道歉,情节严重造成恶劣后果或给业主造成损失的,应给予业主相应赔偿。

物业公司有权告业主
法院五审查化解矛盾

在一些住宅小区中,业主因欠物业费而常常被物业公司告上法庭,这类诉讼案件呈越来越多之势。最近,北京昌平区法院回龙观法庭根据多年的办案经验,并在调查研究的基础上总结出,业主拖欠物业管理费的原因比较复杂,其过错未必都在业主一方。例如开发商遗留下来的一些房屋质量问题,业主和物业管理公司之间产生矛盾,物业公司服务不到位,甚至没有和业主签订书面合同,物业公司服务质量或项目"缩水"等。因此该法院提出,对物业纠纷案应该在立案前实行"五审查"的要求,不具备"五审查"条件的都将难以立案,这对切实维护各方当事人的合法权益,更加有效地化解社会矛盾,构建社会主义和谐社会,走出了一条新路,并给了我们许多有益的启示。

第一,业主没有与物业公司签订合同并不能成为业主拒交物业费的理由,在于业主是否接受了物业管理公司所提供的服务。按照我国《合同法》第36条之规定:法律、行政法规规定或者当事人约定采用书面形式订立合同,当事人未采用书面形式但一方已经履行主要合同义务,对方接受的,合同成立。在司法实践中,如果业主已实际接受了物业服务,物业公司就有权收取物业费。双方当事人没有约定物业服务收费标准的,法院可参照政府规定标准或同类物业服务项目收费标准确定应缴纳的物业服务费用。

第二,物业公司服务的缩水也不能成为业主拒交物业费的理由。如果物业公司的服务不能达到双方合同约定的相关标准,业主可依照合同要求物业公司承担违约责任,还可以要求减免物业费的数额,而不能以拒交了之。另外,只有加强竞争才能有更好的物业管理水平。我们现在为什么能够花更少的钱买到很好的电视机？是强化竞争的结果。强化竞争，一方面政府要推行招投标管理；另一方面，通过行业协会的管理，加强自律，把一些不符合行业标准或者服务低劣的物业公司从这个行业中排挤出去。

第三，物业公司利用小区公共部位和设施设备牟取私利也不是业主拒交物业费的理由。根据中国社会调查所的调查数据显示，物业管理公司侵占业主权益的情况普遍存在。以北京为例，其中90%的小区都存在着物业管理公司利用小区共用部位和设施设备牟取私利的情况。在这种情况下，业主们应该拿起法律作为武器，来维护自己的合法权益，而不能将物业公司的过错当作拒交物业费的理由。

第四，开发商遗留下来的房屋质量问题也不能成为业主拒交物业费的理由。虽然遗留问题和物业公司本身的专业水平有关，但如果物业公司可以对现状房屋的状态做描述，作为房屋买卖的附件体现在房屋买卖合同中。出现问题，可以拿出这个合同。而这取决于物业管理公司自身的专业水平，看它是不是能够规避风险。遗留问题的解决实际很简单，如物业管理公司在最后接管的时候，完全有权利要求施工单位、监理单位、开发企业、设计单位四家一块儿对遗留问题做四方确认，四方确认以后，很多遗留问题就能确定出责任人了。

第五，业主们要依法维权，不能以不交费来抗拒物业公司的侵权或工作过失。按照我国《物业管理条例》第67条之规定：违反物业服务合同约定，业主逾期不缴纳物业服务费用的，业主委员会应当督促其限期缴纳；逾期仍不缴纳的，物业管理企业可以向人民法院起诉。现在有些住宅小区还没有成立业主委员会，这样的小区应尽快召开业主大会成立业委会。已经成立业委会的小区可依据业主大会的授权解聘违规违法的物业公司，重新选聘遵纪守法且服务质量好的物业公司。

业主出游时家中被盗
属保安失职公司担责

"五一"小长假结束后,山东济南的武先生一家出游回来,发现家里已经被翻得乱七八糟,自己办公用的笔记本电脑和一些首饰被盗。见此情况,武先生立刻拨打"110"报警。警方现场勘察后确认,窃贼是用硬物撬弯武先生家窗口防盗门栅栏,从窗口爬进去行窃的。

案发后,武先生夫妇以家中被盗,与物业公司的保安人员巡逻工作不到位有很大关系为由,将小区的物业管理公司告上法庭,请求被告赔偿他家被盗物品总价值人民币15620元。

物业公司是否应该对武先生家进行赔偿呢?

对于小区业主家被盗的赔偿问题不能一概而论,要以业主和物业公司签订的《物业管理服务合同》的具体约定进行分析和确认。一般情况下,业主与物业公司在《物业管理服务合同》中不会就业主家中财产失窃的赔偿责任作出明确约定。因此,只要物业公司的管理人员履行了正常的安全防范义务,不存在失职情形,业主家中财产失窃,并不能要求物业公司承担赔偿责任。但是如果有证据能够证明物业公司有明显失职情形,并且这种失职与业主家中被盗存在一定的因果关系,则物业公司应该承担一定的赔偿责任。本案中,窃贼从武先生家窗户爬进去的情景被小区的监控摄像头拍下,值班的保安人员在值班室却因犯困打盹而未发现,这属于严重失职行为。而且在被告方提供的保安人员巡逻签到表中,还有当时保安人员在安全无事故栏中签字。这种有证据证明的保安存在失职行为,足以说明被告方未按照合同约定履行自己的义务。《物业管理条例》第36条规定,物业服务企业应当按照物业服务合同的约定,提供相应的服务。物业服务企业未能履行物业服务合同的约定，导致业主人身、财产安全受到损害的，应当依法承担相应的法律责任。

　　当然，并不是所有的业主家中被盗都能有幸被摄像头拍下，所以广大业主在和物业公司签订《物业服务合同》时应再三斟酌，比如说除了合同中约定的一般管理服务事项外，特别明确写明，一旦出现业主家中被盗事件，造成业主人身、财产损害，应当由物业公司承担一定赔偿责任，这样业主则可以依据具体的合同约定进行处理。而且，物业公司是服务单位，在收取业主物业管理费的同时应当提供相应的服务，保安人员在巡逻时应该尽职尽责。如果保安人员形同虚设，其和物业公司就应该承担失职和赔偿责任。

维修金是住宅养老钱
善保管做到专款专用

广州市某小区住宅楼中的10台电梯中有5台因年久失修而又没钱修,以致不得不停用,人们只能用其余的几部电梯。这便造成业主们乘电梯时等待时间更长,更加拥挤,非常不便,有些住宅层数比较低的年轻业主只能走着上下楼梯。据悉,很多建成较早的小区现在都面临着公用设施日益老化的困境。这些"老弱病残"的公用设施由谁来负责维修呢?维修的这笔钱由谁出呢?

刚才提到的这个小区建成于1996年,房地产开发商当时在售房期间,直接向业主收取每平方米40元的小区公共维修资金,业主们得到一张收费凭据。此小区每户缴纳的维修资金在2800~3100元不等,上千户业主累计应该有数百万的小区维修资金,这些钱没有用在维修电梯上,用在哪里了呢?

具有法律意识的一些业主试图联系这座小区的房地产开发商。该小区开发商客服部一位工作人员承认,电梯的维修金是小区公共维修金的一部分,而这笔维修资金确实还在房地产开发商手里,并没有用于小区内公用设施的维护修理。当业主问到房地产开发商手上的维修资金产生的利息该怎么算,是不是要返回到业主身上的时候,对方却说"业主交维修资金没有利息。"

当业主遇到上述情况时,首先要有维护自己合法权益的意识,物业公司也有责任和义务定期公布维修金的使用情况。现在有些城市居民小区物业维修资金缴存和使用情况全部上网,查询也方便。业主们缴纳的维修资金只要上交到本市维修资金办公室的账户上,产生的利息都由联网的计算机直接计算出来,加到每位业主维修资金本金上。每年6月30日进行一次利息统计,所以房地产开发商说没有利息是不对的。

对于居民小区维修金的使用方法，顾名思义就是用于维修该小区内的房屋及其相关的公用设施，当然也包括电梯。物业公司可根据电梯使用年限和保修年限来进行维修。到了一定年限时，需要大修的电梯动用这笔维修金强制性进行检修。以后每隔一段时间就动用一次，形成固定的电梯维修金使用模式。如果因电梯日常使用或维护保养不当而导致需要提前维修的，再进行评估申请。物业公司应当在每年年底将电梯维修计划和费用预算、分摊明细提交给业委会。按照《住宅共用部位共用设施设备维修基金管理办法》第7条之规定，维修基金应当在银行专户存储，专款专用。为了保证维修基金的安全，维修基金闲置时，除可用于购买国债或者用于法律、法规规定的范围，严禁挪作他用。

电梯是小区公共设施的一部分，电梯维修金也应是小区维修金的一部分。而小区维修金不但是业主们的"私房钱"，同时也是小区住宅的"养老钱"。如果物业公司没有妥善保管好这笔钱，一方面会侵害业主的权益，影响居民小区设施设备的中修和大修；另一方面，更关乎房地产市场秩序，引发纠纷和社会矛盾，影响社会和谐稳定，同时也违反了相关的法律法规，就应该承担相应的法律责任。现在，有些小区维修金的隐患和问题已经逐步暴露出来，有关部门应该及时在《合同法》、《物业管理条例》等法律、制度、管理等方面基础上，结合不同地方的特点，制定、完善更细致更完备的地方性法规条例，用以规范房地产开发商和物业公司的行为。唯有如此，才能保证这笔维修金的安全与可靠的保管与使用，才能维护社区人们生活的舒适与便利。

鼓励节能产品进社区
相关法规应配套完善

家住北京市昌平区某小区的徐先生等几位业主眼瞅着自己新买的太阳能热水器安装好了,马上就能派上用场,却被小区物业公司保安强行拆除了,他们感到很是无奈。

该小区物业公司表示,在物业公司同业主签署的《物业管理服务协议》中,明确规定业主"不得占用、损坏本物业的共用部位、共用设施设备或改变其使用功能;不得擅自改变楼宇的外貌"。物业公司的解释是,小区在最初规划的时候没有预见到会有很多业主对节能环保低碳的太阳能热水器情有独钟。因此规划设计部门没有进行统一设计,业主擅自安装太阳能热水器的行为会破坏小区整体景观,妨碍楼宇整体美观,另外还涉嫌侵占其他业主的共用面积。

面对物业公司的说法,徐先生却认为,对于影响小区外观的问题,业主可以安装统一品牌的热水器,这样看起来也不会影响楼宇的外观。而且,业主也可以去和业委会商讨小区共用面积的使用问题。

对于太阳能热水器如何能进社区门这类问题,物业公司和业主们可以参照《中华人民共和国循环经济促进法》。该法已于2009年1月1日起正式实施。其中第23条明确规定:"建筑设计、建设、施工等单位应当按照国家有关规定和标准,对其设计、建设、施工的建筑物及构筑物采用节能、节水、节地、节材的技术工艺和小型、轻型、再生产品;有条件的地区,应当充分利用太阳能、地热能、风能等可再生能源。"

虽然有《循环经济促进法》等多项鼓励利用太阳能的法规先后出台,但大多数城市居民至今仍和徐先生一样,不能随心所欲地安装太阳能热水器。尽管国家鼓励利用再生能源，但很多房地产开发商在兴建小区时并未作安装太阳能热水器的相关设计，并没有为业主预留安装太阳能热水器的位置或基座。由于楼顶没有地方固定太阳能热水器，如果业主擅自固定，便可能会破坏楼顶防水层，可能造成顶层业主家房顶漏水。因此，很多住宅小区物业公司阻挠业主安装太阳能热水器引发的纠纷时有发生。

《中华人民共和国可再生能源法》中明确规定："国家鼓励单位和个人安装和使用太阳能热水系统、太阳能供热采暖和制冷系统、太阳能光伏发电系统等太阳能利用系统。"同时要求，"开发商应当在自己的技术范围内，在建筑物的设计和施工中，为小区居民用上太阳能热水器提供必备条件"。

可是，我们通常看到的情况是，物业公司和业主签订的《物业管理服务协议》中规定："禁止在屋顶以及道路或者其他公共场地搭建建筑物、构筑物等设施。"现如今，已经有不少业主对物业公司的这种做法意见很大，觉得物业公司在安装太阳能热水器问题上过分苛刻，不肯通融。

社区环境需要物业公司和业主的共同维护，房地产开发商在设计小区住宅时如果能够预留出太阳能热水器的基座和专用管道，就可以避免业主在安装太阳能热水器时造成安全隐患。此外物业公司也应该从贯彻国家《可再生能源法》的国家利益出发，与业主们共同为节能减排想方设法，为建设资源节约型、环境友好型社会作贡献。

业主改房屋结构违规
物业公司罚款亦违规

家住北京市通州区的伍先生在对新购买的房屋进行装修时，在自家的露台上搭建了一个塑钢结构房屋。此举正巧被物业公司在例行检查业主装修进度时发现，物业公司当即告知伍先生这种行为属于擅自改变房屋结构，应立即恢复原貌。然而，伍先生不听劝告，仍继续施工。在多次劝阻无效的情况下，物业公司以其违反相关规定为由，给伍先生开出了800元的罚款单，并限期让其把房屋结构恢复原貌。理由是物业公司与伍先生签订有《承诺书》。

2008年初，作为小区的新业主，伍先生与小区物业公司签订了关于装修的《承诺书》，载明伍先生必须遵守该小区的《住宅物业管理公约》。该公约规定：产权人或使用人应当按房屋设计用途使用。因特殊情况需要改变使用性质的，应征得相邻产权人及物业公司的书面同意，并报政府有关主管部门批准。伍先生认为，其与物业公司签订的物业管理公约是被胁迫的，当初不签订该公约，就不给新购买的房屋钥匙。随后，便引发了本文开头所叙述的一幕。

根据相关的法律法规，小区业主在行使所有权和使用权时，必须遵从该楼房的设计要求，维护所有产权人的共有利益。伍先生以跃层露台上的排气口影响其室内空气质量为由，擅自改变房屋结构、外貌和用途的行为，与建筑设计要求及其承诺相悖。但从我国现行法律法规来看，物业公司是无权对伍先生进行罚款的，伍先生也完全有权拒绝。因为，根据我国《行政处罚法》的规定，除法律规定的以外，其他任何单位、个人没有罚款的设定权，更不能有罚款的执行权。

从上述事件反映的情况看,物业公司发现伍先生擅自改变房屋结构,及时进行劝告,让其恢复原貌,这是正确的做法。但其依据与伍先生签订的《承诺书》开出罚款单的行为是错误的,其收取罚款的行为更是违法的。根据我国《合同法》及《物业管理条例》的相关规定,业主和物业公司之间的法律关系是一种平等主体之间的服务合同关系,业主的权利是享有物业公司提供的物业服务,其义务是按照合同约定缴纳物业费;而物业公司的权利是收取物业费,其义务是按照合同约定的内容提供物业服务。因此,物业公司对业主的职责主要是服务。

至于业主在房屋装修过程中,发生违反《住宅室内装饰装修管理办法》中的禁止性规定的行为和做法,物业公司发现后,有权向业主提出批评,要求业主恢复原样。也有责任向有关行政部门报告,由行政部门进行处理,其不能代替行政机关处罚;如果由于业主的装修行为给房屋的结构或小区的公共设施造成了损害,物业公司可以根据《民法通则》的规定,向人民法院提起诉讼,要求业主承担损害赔偿责任。

业主在小区内被摔伤
物业公司担部分责任

住在北京市海淀区某小区的常大爷喜欢晨练。一天早上,他如往常一样准备在小区晨练,就在这时,一不小心他被小区人行道旁横放的水泥板绊了一下,重重地摔倒在地。常大爷为此在医院治疗了2个多月。就在这件事情发生前,已经有部分小区业主多次向物业公司反映这些水泥板胡乱堆放存在着安全隐患,但物业公司置若罔闻,直到常大爷摔伤后才将这些水泥板挪走。

常大爷家属随后找到小区物业公司,希望与物业公司协商常大爷被摔伤后的赔偿问题。他们认为物业公司由于没有尽到管理职责,存在过错,应对常大爷的摔伤承担相应赔偿责任。

物业公司则称,人行道上放置水泥板是用来阻止小区内的汽车随意停放,这样做的目的是为了保障小区业主能够正常行走,不能称之为不安全因素。另外,他们认为,如果常大爷走路时注意看脚下的障碍,就不会发生这样的事情。因此,物业公司表示常大爷发生意外责任在本人。

物业公司是否应该为常大爷的摔伤承担责任呢?可以这样说,如果物业公司并没有在显眼处悬挂或安放有任何警示或提醒业主注意的提示标志,物业公司的民事赔偿责任就不容易推卸了。

首先,物业公司的职责是保障小区业主的人身安全以及维持正常秩序,是为小区人们服务的。他们在行使这种保障和服务时,应当采用合理、安全、适当的方式。根据《物业管理条例》的相关规定,物业管理企业不得擅自占用、挖掘物业管理区域内的道路、场地,损害业主的共同利益;物业管理区域内按照规划建设的公共建筑和共用设施,不得改变用途,确需改变公共建筑和共用设施用途的,应当提请业主大会讨论决定。因此,在上述纠纷中，物业公司在对小区内的道路进行管理过程中，虽主观愿望是为业主利益考虑，为阻止车辆随意停放而放置了水泥板。但客观上也为小区的人们正常走路设置了障碍，因此未预见到路上堆放水泥板可能对业主行走造成妨碍，并可能引发人身伤害事故，后来也确实因此发生业主摔伤的事实。物业公司确实存在管理措施不当行为，应对常大爷的受伤承担部分责任。但同时，常大爷在走路的时候自己也要尽到一定的注意义务，所以从这个意义上来讲，可以适当减轻物业公司的赔偿责任。

在公共健身器上摔伤
所有人管理者应担责

在北京市海淀区某住宅小区内,已经退休的65岁胡女士最近在小区内设置的健身器材上锻炼身体时,由于器材上的螺栓突然断裂,使其不慎摔倒在地并受伤。周围健身的邻居马上通知胡女士家人,后经医院诊断,胡女士腰部摔伤,左股骨骨折。

康复后,胡女士觉得自己是在住宅小区内正常健身时因器材出现问题而受的伤,健身器材管理者应对自己受伤负责。经多方了解,得知此处的公共健身器材由当地某街道办事处负责管理。于是,胡女士的家人便找到该办事处进行协商,可结果却不尽如人意。因此,胡女士准备将该街道办事处告上法庭,要求对方承担自己的医药费、误工费、继续治疗费等费用共计2万多元。

街道办事处负责人听闻胡女士要起诉自己,便觉得很冤。他们并不知道健身器材何时坏的,只是在胡女士受伤后的第二天派人检查器械时才发现器材出了问题。至于胡女士是怎么摔伤的,他们并不清楚。不知是因为胡女士使用不当,还是因为器材确实有问题。街道办事处负责人表示以前经常派工作人员到安装了健身器材的场地去检查,如发现有问题的器材都会及时处理,他们认为胡女士摔伤的原因不能认定就是因健身器材已经损坏而导致的。

此案所涉及的属于特殊民事侵权责任。解决这类问题首先要搞清楚在小区内这些健身器材的所有者是谁?正如街道办事处负责人所述,胡女士健身时所使用的器材是由他们所管理,胡女士健身时是因器材部件脱落而受了伤,周围健身的邻居可以作证。胡女士手中证据能够证明健身器材部件的脱落与街道办事处对健身器材的正常保管及保养没有尽到义务有关。依据《中华人民共和国民法通则》第126条之规定："建筑物或者其他设施以及建筑物上的搁置物、悬挂物发生倒塌、脱落、坠落造成他人损害的，它的所有人或者管理人应当承担民事责任。"街道办事处在此事上难辞其咎，理应承担相应的民事赔偿责任。

　　随着全民健身活动的深入开展，目前相当一部分住宅小区内都安装了公共健身器材。但随着时间的推移，这些健身器材由于种种原因受到损坏或者自然老化锈蚀，存在较为严重的安全隐患。小区业主们普遍认为，有关部门在小区内安装放置健身器材本来是件好事，但这些部门应将好事做好。健身器材的安全性能非常重要，要经常性地检查，否则健身器材就该叫"损伤器材"了，就有可能酿成人身伤害。当然，健身者如果在使用健身器材时方法不正确，不仅容易造成器材的损坏，还很容易因为运动不当而使健身者受伤，这样的损伤有可能是不可逆转的，这又是健身者应该注意的问题。

外来车在小区内受损
收费凭据是获赔证据

　　山东省淄博市的韩女士利用周末时间开着自己新买的汽车去探望家住济南市某小区的朋友,可就在到了目的地后准备停车时,由于韩女士的车轮压过停车位附近的污水井井盖,井盖本身有部分缺损,因此造成井盖滑离污水井井口,导致韩女士的车右前轮落入并悬空在井口处。经韩女士下车观察,发现自己的车右侧严重受损,同时车前身的漆也有很大面积擦伤,开动时底盘也会发出异样的噪声。看到自己新买的车这个样子,韩女士心痛不已。

　　随即她找到小区物业公司的负责人,想就车辆维修的问题与对方协商,可对方在涉及赔偿问题时断然拒绝。韩女士认为,自己在进入小区时,物业公司的保安人员已经为她开具了小区的《停车单》,因此,她要求该小区物业赔偿自己车辆的修理费和交通费,并提出如果协商不成将会通过法律途径解决。然而,物业公司却对韩女士提供的小区《停车单》不认可,亦不同意韩女士的诉讼请求。他们认为韩女士的车不属于小区业主的车辆,因此不负责赔偿。

　　难道不属于小区业主的车辆,发生事故时物业公司就不负责吗?其实不然,如果由于物业公司管理的正常设施发生危险,造成人员或财产损害时,都应该及时对其设施进行维护,否则物业公司就应该对设施造成的人员财产损伤承担赔偿责任。

　　根据我国相关法律规定,井盖等设施因存在安全隐患给业主造成危害的,由井盖等设施的所有人或管理人承担相关责任。如果产权明确为业主所有,物业公司就应负责井盖等设施的维护,并且承担相应责任。

　　同时,按照《山东省物业管理条例》相关规定,井盖应该属于小区内的专营设施,因此在建设完工后,施工单位应该与小区物业公司签订一个交接管理协议,以明确在日后的管理中双方的责任。一旦出现问题,责任的划分就应该遵照协议约定。小区内的道路是公共的,并不能限定只有小区业主才能通行,因为物业公司负责管理的范围是整个小区,当然包括小区内的道路。另外,韩女士开车进入小区时,物业公司已为其开具了《停车单》,因此不论是不是小区业主,只要在小区停车场停车时出现损伤或毁坏,物业公司都应赔偿。第一,权利与义务平等是民法的基本原则,只要物业公司收取了停车的费用,就应履行保管的义务;第二,不论以什么名义,"停车费"也好,"车位使用费"也罢,所收费用都是车辆存放在小区内的费用。

交房同时收取物业费
合同如未约定可拒绝

家在北京市的周女士选中了一套80平方米的期房,随即与房地产开发商签订了《商品房买卖合同》,并缴清全部购房款。可到收房之日,她前去找开发商办理交接房屋手续时,却被告知房屋钥匙需到小区物业公司领取。

随后,物业公司工作人员告知周女士,要领房屋钥匙,必须先预交一年的物业费,才能把钥匙交给业主。

对此,崔女士认为,尽管排在她前面的业主都预交了物业费,签了物业管理合同,拿到了钥匙,但自己并不打算接受这种"搭车"收费方式。

既然交物业管理费和交房是两码事,那么为什么要捆绑在一起呢?该房地产开发商则认为,自己曾书面通知业主办理接房手续时应缴纳物管费、维修基金、契税,已尽到了告知义务。

目前,这种交房时同时收物管费的现象在新售楼盘业主办理入住手续时是一种比较普遍的现象,也算是业内不成文的规则。可这种不成文的"规则"到底合不合法呢?如果合法,那为什么在《商品房买卖合同》中却偏偏没有列举在办理交接房手续时必须先交物业费这一条款呢?

据悉,类似这种先交物业费再拿新房钥匙的现象在全国范围内普遍存在,似乎已经成为房地产市场上的一条"潜规则"。

根据我国商品房买卖合同司法解释和《物业管理条例》的有关规定,物业管理费是指具备资质管理条件的物业管理企业提供与业主签订物业服务合同约定的服务过程中产生的费用。在商品房买卖中,房地产公司以缴纳物业管理费作为向业主交付房屋的前置条件无法律依据。房地产开发商如果因此而延迟交房,当属违约行为。

　　同时，按照《合同法》第三条规定，合同当事人的法律地位平等，一方不得将自己的意志强加给另一方。交房就收取物管费的"潜规则"明显违背了这条法律规定，是开发商将交物管费的附加条件强加于业主。而《商品房买卖合同》中并未约定任何关于物管费的条款，该合同也与物业公司没有任何关系。从法律关系上讲，开发商交房和物业管理公司收物管费等费用是两个不同的法律关系，开发商是将其应当履行的义务转嫁给了物业公司，属于侵权。另外，还需看《商品房买卖合同》中是否约定交物业费为交房的条件。如果没有约定，那么开发商的要求是没有道理的，买房人可以向开发商主张逾期交房的违约责任。

物管用房权属归业主
开发商随意处置违规

小区物业管理用房产权应归全体业主所有,这是《物权法》中的明确规定。然而在四川成都市却出现某房地产开发商对法律视而不见,将小区物业管理用房产权归到自己名下,由此引发了开发商与小区业主之间的一场物权之争。

该小区业委会认为,小区业主与开发商签订的《商品房买卖预售合同》中,约定由开发商向业主们出售其开发的住宅小区商品房,现合同已经履行。然而业主们入住后,却对开发商聘用的物业公司的服务极为不满,小区业主委员会决定另聘物业公司。此时开发商却迅速占用属于小区业主共有的物业管理用房,并将物业管理用房登记在开发商的名下。

开发商对自己的行为辩解道,小区业主委员会不是正确的诉讼主体。根据《物业管理业主委员会备案登记证书》上载明的该业委会的任职时间现已届满;另外,此《商品房买卖预售合同》也没有约定这些物业管理用房的归属,因此开发商没有过错。

当前,不少住宅小区存在物业管理用房的纠纷,开发商拒不交付物业管理用房是在钻法律的空子。如确认开发商拥有物业用房的所有权,势必会产生一系列的负面效应,一旦它收取高额租金或出售给他人,必将影响小区业主们的正常生活。关于这类涉及物业用房而引发纠纷的案件,产权不明是造成纠纷不断的主要原因。房地产开发商为自己建造的房屋进行相关配套建设是其应尽的义务,而并不享有对配套设施随意处置或收益的权利。因此,开发商将规划的物业用房另行出售或向物业公司收取租金显然不符合法律法规。

根据《物业管理条例》规定,房地产开发公司应当按照国家有关部门制定的相关规定及标准配置必要的物业管理用房，其产权归小区全体业主所有。由于相关法律法规已明确规定物业管理用房的所有权依法属于业主，故房地产开发公司以物业管理用房产权登记在其名下来否认业主对物业管理用房的所有权是缺乏法律依据的。《物业管理条例》第30条规定：建设单位应当按照规定在物业管理区域内配置必要的物业管理用房。该条例第38条还规定：物业管理用房的所有权依法属于业主。未经业主大会同意，物业服务企业不得改变物业管理用房的用途。因此，房地产开发公司交付符合法定条件的物业管理用房给该住宅小区广大业主是法定义务。

外墙脱落物砸坏汽车
物业公司应担责赔偿

2009年8月的一天,苏先生停在自家楼下的汽车被楼房外墙上脱落的混凝土碎块砸中损坏。经相关评估机构评估,苏先生的汽车贬值损失为2万元。

苏先生认为物业公司作为小区的管理者,理应对楼顶脱落物造成的财产损失承担赔偿责任。

物业公司则认为,公司与苏先生无物业服务关系;且公司系涉案建筑管理人,而非所有权人,赔偿责任不应仅由物业公司一方承担。

法院经审理认为,物业公司作为涉案小区楼体建筑的管理人,对该建筑物负有日常管理与维护的义务。现该小区楼房建筑材料部分脱落、坠落,导致正常停放在楼下的车辆受到损害,物业公司应承担相应赔偿责任。如苏先生选择对建筑物管理人物业公司提起诉讼的情况下,物业公司应对苏先生所受损失承担赔偿责任,该责任的承担不以其是产权单位为前提。对于物业公司提出公司已与苏先生解除物业管理合同,不应担责的主张,法院认为苏先生在该诉讼中主张的是建筑物、搁置物、悬挂物塌落损害赔偿纠纷,而非物业合同纠纷,苏先生与该公司之间物业管理合同是否存在与解除与该案侵权纠纷之责任承担无关。

2009年12月26日,第十一届全国人民代表大会常务委员会第十二次会议通过,即将在2010年7月1日起施行的《侵权责任法》中规定:"建筑物、构筑物或者其他设施及其搁置物、悬挂物发生脱落、坠落造成他人损害,所有人、管理人或者使用人不能证明自己没有过错的,应当承担侵权责任。"

同时,作为小区的业主,应该积极行使自己的权利。如发现小区存在危险隐患,应及时向物业公司反映。妥善保管物业服务合同和各种收费凭证,以备不时之需。

这里需要注意的是,因建筑物上的设施或设施的一部分发生脱落、坠落造成人员或财产的损害而产生的纠纷,并不以物业合同为前提。换言之,即便是小区业主之外的路人被脱落的墙体砸伤,也有权利向建筑物的所有人或管理人索赔。

根据《民法通则》中第126条之规定:建筑物或者其他设施以及建筑物上的搁置物、悬挂物发生倒塌、脱落、坠落造成他人损害的,它的所有人或者管理人应当承担民事责任,但能够证明自己没有过错的除外。比如,物业公司能够证明自己已经认真履行了相关义务,或损害的发生是由不可抗力或第三人侵权造成的,则物业公司可在相应范围内免除责任。

小区限高栏砸伤行人
司机与物业共同担责

司机贾某驾驶汽车从某住宅小区门口进入时,不慎剐蹭到小区物业管理公司设置在小区口限高栏杆,限高栏杆倒下时不巧砸到正从旁边路过的李先生,李先生被砸伤后送进医院。经医院诊断,李先生为"右额顶部头皮裂伤"。为此,李先生将肇事司机贾某和该小区物业管理公司诉至法院,要求二被告共同赔偿医疗费、精神抚慰金等损失。

本案中,司机贾某未尽到安全驾驶义务,剐蹭到限高栏杆,故发生损害结果,司机贾某存在过错。小区物业管理公司在设立限高栏杆后,虽设立限高标志,但未采取必要措施和有效制止贾某驾驶超高车辆进入小区,对损害结果发生也存在过错。即两者的行为共同结合导致了损害结果的发生,但两者的行为在结合的方式和程度上并没有达到成为一个侵权行为的程度,且两个行为是先后发生的,在行为发生的时间上也并不具有统一性。因此,应依照最高人民法院《关于审理人身损害赔偿案件适用法律若干问题的解释》第3条第2款之规定,"二人以上没有共同故意或者共同过失,但其分别实施的数个行为间接结合发生同一损害后果的,应当根据过失大小或者原因力比例各自承担相应的赔偿责任。"这里所提到的"原因力",是指在构成损害结果的共同原因中,每一个原因对于损害结果发生或扩大所发挥的作用力。混合过错中的损害结果,是由加害人和受害人双方的行为造成的,这两种行为对于同一个损害结果来说,是共同原因,每一个作为共同原因的行为,都对损害事实的发生或扩大具有原因力。原因力对于混合过错责任范围的影响具有相对性。这是因为,虽然因果关系在侵权责任的构成中是必要要件,具有绝对的意义,不具备则不构成侵权责任；但混合过错责任分担的主要标准，是双方过错程度的轻重，因而，双方当事人行为的原因力大小，尽管也影响混合过错责任范围的大小，但其受双方过错程度的约束或制约。在此案中，司机贾某和物业管理公司应根据过失大小或者原因力比例各自承担相应的赔偿责任。

最终，法院经审理后认为，被告司机贾某作为车辆驾驶人，应当遵守道路交通安全法规的规定，按照操作规范安全驾驶、文明驾驶。在载物超高自认为可以通过限高栏杆的情况下，未尽安全驾驶义务，剐蹭限高栏杆，导致原告李先生伤害后果的发生，系直接侵权人，应承担主要赔偿责任。被告物业管理公司设立限高栏杆，虽设立限高标志，但未采取必要措施和有效制止被告贾某驾车进入小区，也应承担相应责任。原告李先生要求二被告赔偿医疗费等经济损失，理由正当、证据充分，对此法院予以支持。

合同是否有效看实质
约束力合同不能解除

北京市民黎先生在房地产中介公司的介绍下看中了一套市值145万元的二手房。房地产中介公司负责人悄悄告诉房主赵某,如果在房屋买卖合同中将房屋价款写成90万元,将余款55万元写成装修款,便可以少缴纳税款,赵某同意了。赵、黎二人在签订《存量房屋买卖合同》以及《北京市存量房买卖居间服务合同》后,又签订了一份《装修款补充协议》,约定了装修款代替一部分房款的内容。黎某依照合同的约定当即支付了赵某10万元定金,赵某也写了收条。

在合同签订的第二天,一位柳女士也看上了这套房子,且执意以多付8万元的价格购买。赵某一看多出不少钱,便决定将房子卖给柳女士。于是,其便以黎某和自己签订的《装修款补充协议》中房屋价款约定内容规避了国家税收管理规定为由,主张该合同应属无效,自己将黎某交的10万元定金退回,拒绝继续履行与黎所签的合同。并称自己收取黎先生的10万元是定金,属于预付款;因为不是订金,即使是自己原因解除合同也不存在双倍返还的问题。

黎某知道这一情况后,很生气,多次与中介公司及赵某协商无果,便向当地人民法院起诉赵某,要求继续履行房屋买卖合同,并指责赵某在写收条时故意将订金写成定金,以躲避双倍返还的法律约束。本案中,涉及合同无效的法定情形在我国《合同法》第52条中有明确规定,"有下列情形之一的,合同无效:(一)一方以欺诈、胁迫的手段订立合同,损害国家利益;(二)恶意串通,损害国家、集体或者第三人利益;(三)以合法形式掩盖非法目的;(四)损害社会公共利益;(五)违反法律、行政法规的强制性规定"。《合同法》第 52 条第（五）项规定的"强制性规定"，是指效力性强制规定。出卖人赵某所主张交易行为违反税收相关管理规定并不属于效力禁止性规范，而是管理禁止性规范，故双方所签订房屋买卖合同内容并不违反法律的规定，应合法有效，受法律保护，对签订合同的各方当事人都具有约束力。近日，法院对此案作出判决，支持了黎某的诉讼请求，继续履行黎先生与赵某所签的合同。同时对房产中介公司鼓动纳税人少缴税款的行为进行了严厉的批评，

在房产交易中，房屋买卖双方的当事人应该本着诚实守信的原则进行遵纪守法的房屋买卖，绝不能将购房款写成装修款以逃避国家税收。因为，不仅国家的二手房政策对此行为有一定法律规定，而且在贷款时，装修款可能无法按照存量房贷款流程进行审批，这样就会加大资金不足的买房者办成贷款的风险，从而严重影响了合同的履行、交易的稳定，对于二手房市场的发展会产生不良影响。

住宅区广告无孔不入
其收益应归业主共享

上海市长宁区某公寓的业主们最近在讨论一件事：小区里每幢楼的楼道都有电视广告、平面广告，甚至电梯里也有广告，可半个月前小区业委会公布的一份收支明细表中，公共部位经营性收入却是零。业主们觉得很奇怪：小区的户外、楼道里、电梯间本来是业主的公共空间，如今却被广告充斥其间，而这些广告带来的收益去了哪里？

当前，住宅小区的很多业主对各类产品广告占据自己的公共面积熟视无睹。据调查，这些广告收入是小区物业公司物业费收入之外的主要部分，而业主对这部分收入并不敏感。即便物业公司每年公布自己的财务状况，也很少把这方面的详细收入告知广大业主。

对于无孔不入的广告，人们已经司空见惯。广告进入小区里，业主如何看待呢？有的业主觉得人们现在就是生活在广告之中，很多业主希望从广告中得到信息，因此在小区公共空间里做广告无可厚非。也有业主认为，每天看的广告够多了，就是在乘电梯时还要强迫自己看广告，心里确实有点烦。

既然是广告就会有收益，那么社区里的广告收益如何分配呢？这部分收入究竟应该归谁所有？《物业管理条例》中规定："利用物业共用部位进行经营的，应经业主同意，按照规定办理；所得收益应当主要用于补充专项维修资金，也可以按照业主大会的决定使用。"根据《中华人民共和国物权法》第72条和第73条的相关规定，小区建筑区划内的公共场所、公共设施，如楼梯间、电梯间、户外墙面和绿地等，属于业主共有。

根据上述法规的表述，凡是在小区建筑物的共有部分做商家广告的，广告费应该归业主所有。同时，利用电梯等公共设施做广告所产生的收益也应当为业主共同享有。物业公司没有权利独享广告收入。此外，根据相关法律法规，广大业主有权利享有这部分收益使用的知情权。

关于住宅区广告收益的处置，一般情况下是看物业公司与业主们签订的合同中之约定。但对于一些新近建成的小区，由于有的尚未及时成立业主委员会，因此合同主体的缺失会使业主的潜在权利受损，也使居住小区广告收益归属问题没有明确的说法，使小区业主无法监督广告收入。因此，还未成立业主委员会的住宅小区，应该在相关部门或街道办事处的协助下，尽快召开业主大会，成立业委会，以维护广大业主的合法权益，包括对住宅小区广告收益及处置使用的监管。

想在楼顶安置广告牌
应该先征得业主同意

家住北京市某小区的薛先生一直感到很窝心,因为两年前物业公司和广告商未经自己同意便在自家楼上安放了户外广告牌,且广告费不知去向。这一行为侵犯了自己和其他业主的合法权益,他要求物业公司和广告商立即停止这种侵权行为,公示广告费的去向,同时拆除广告牌,赔偿由此给业主带来的损失。然而,时至今日,此问题一直未得到解决。由于该广告牌年久失修,用于安装广告牌焊接的铁架已经锈迹斑斑,一遇到刮风下雨,广告牌就摇摇欲坠般"嘎吱嘎吱"响,让楼下的薛先生等住户提心吊胆,担心这广告牌会随时突然坠落伤人。那么,到底谁应该对小区业主们的这部分权益负责呢?

薛先生认为自己和其他业主对楼顶的共有建筑面积依法享有相应的权利,物业公司和广告商的行为侵犯了小区内全体业主的合法权益。为此,薛先生依法向当地人民法院提起诉讼,要求物业公司和广告商立即停止对业主的侵害,拆除广告牌,赔偿损失,并承担本案的诉讼费用。

我国于2003年9月1日正式施行的《物业管理条例》第55条明确规定:"利用物业共用部位、共用设施设备进行经营的,应当在征得相关业主、业主大会、物业管理企业的同意后,按照规定办理有关手续。业主所得收益应当主要用于补充专项维修资金,也可以按照业主大会的决定使用。"由此可见,物业公司和广告商在小区楼顶安放的广告牌未经住户同意,这本身就是一种违规行为。此种行为是否构成侵权呢?在2007年10月开始实施的《物权法》中有明确界定,业主对建筑物共有部分享有共有和共同管理的权利。这就明确了小区楼宇的广告收益归业主所有。那么此前薛先生所在小区的广告收入都用在何处了呢？业主不得而知。

　　法院在对这起案件进行审理后依法作出判决，在小区楼顶设置广告牌，首先应该征得业主的同意，然后再到工商部门进行广告内容审核登记，该广告所获收益应按照业主大会的决定使用。另外，法院根据城管等有关部门的规定，对广告的规格、重量、设置的位置都作了严格限制，并且特别说明，这种安装广告的行为一定要在征得房屋产权人（即业主）同意后，再签订合同并实施，否则就属侵权行为。即使在合法程序下，安装了广告牌，广告安装单位及物业公司也应该对广告牌的维护、安全状况等问题承担相应的责任，不能侵占或损害业主的合法权益，不能存在安全隐患或造成事故。

业主是否可自换护栏
居住安全比美观重要

曹先生一家住在北京市通州区某小区楼房的一层，入住后一直觉得自家院子已经统一安装好的护栏很矮，质量又差。成年人可以直接跨过护栏进入院子里，而且用手轻轻一掰就可以把护栏拆散。护栏如此不安全且质量如此之差，安装如此简陋，让曹先生一家人缺少安全感，就好似睡觉时无法锁门，整日提心吊胆。他想更换护栏，却遇到物业公司保安人员的阻止，双方意见发生分歧。小区内想更换护栏的业主远不止他这一家，很多业主出于安全和美观的需要都提出了这种要求。

曹先生说，早在入住前验房时就曾经和物业公司经理协商过更换护栏的问题，那位经理当时说，如果要更换护栏，必须所有一层业主集体更换，而且更换的护栏规格样式都要一样。于是，一楼的4户业主经过协商后，购买了比较安全的统一规格铁质护栏。但当他们正准备更换时，却被物业公司阻止了，矛盾由此产生。

按照《物业管理条例》相关规定，小区内公共场所改造必须获得物业公司及上报区一级建设行政管理部门同意。小区一层院子属于所有业主的公共面积，一层业主只有使用权，没有获得物业公司及小区三分之二以上业主同意之前，不能擅自改造。但是如果购房合同中院子属于业主私人购买面积，并不是小区公共面积，业主就有权利改造。如果是公共面积，对于护栏的规划和视觉美感，小区物业公司有管理的权利。业主如果要更换护栏，就要同物业公司进行协商。

业主们出于保障居住安全和提高生活质量的考虑，相互协商后购买统一颜色，统一高度的护栏，已顾及到了小区室外环境的美观，亦不影响相邻住户居住安全和出行便利，不影响建筑物的正常使用。根据相关法律法规，利益衡量之下，小区业主基于专有所有权而享有的居住安全利益比建筑物和小区整体美观这样的表层利益等次更高，也更为重大，应得到优先保护。这件事情理想的处理方式应该是由业主委员会出面，从符合多数业主意愿的原则出发与物业公司协商，如果协商不成，再主动征求公安部门、建设部门的意见或通过法律途径解决矛盾，从而达到业主权利与小区整体利益的和谐共进。

私将储藏室改造住人
侵害其他业主应复原

在南京市某小区居住的魏女士最近被小区其他业主告上了法庭。这样一位老人做了什么事情能让小区的其他业主和她打官司呢?这还得从她家的储藏室说起。

魏女士家的储藏室是由楼房底部的架空层改建而成的,每间有20多平方米,高度也合适,与普通居住的房间没什么差别,她认为只要稍加改造住人是没有问题的。于是,魏女士请装修工人给储藏室安装了日光灯,并且修建卫生间。可因为储藏室没有设计下水道,马桶和洗脸池就没有办法使用,为此魏女士让工人把楼房墙角的排污管截开,把自己储藏室的管道接了上去,工程就这样完工了。魏女士的这番改造引起了楼上住户的反对。于是,业主们将魏女士告上法庭,理由是她的行为留下了严重的安全隐患,影响了其他业主的正常生活。

业主们说,储藏室是存放杂物的,不能住人,铺设的电路也只能用来照明,况且功率很小,如果住人,大功率电器一多就容易出现跳闸、漏电等安全事故。业主们多数是上班族,如果家里没有人而储藏室失火殃及到楼上怎么办?楼房的排污管是经过专业设计的,魏女士硬是截开加了一个下水道,这很可能会导致整栋楼排污不畅、甚至出现阻塞。

最危险的是,魏女士没有经过任何相关单位的审批,也没有经过检测就在墙体上擅自开窗户。储藏室位于楼房的最底层,新开的窗户位于墙基处,业主们担心如果这是承重墙,抗震效果降低,后果将不堪设想。面对业主的担心和顾虑,魏女士不以为然,她说开一个40厘米见方的小窗应该不会对房子构成威胁。是不是真像魏女士说的那样,新开个窗户不会有危险呢?

业主们认为魏女士这一系列改造存在着潜在危险，于是他们找到小区物业公司希望能出面制止。小区物业公司也认为无论谁都不能擅自在墙体上开窗，开窗必须要通过当地的房屋质量监督部门审批之后才行。另外这储藏室只能用来存放杂物不能住人，魏女士改变了房屋的用途是违规的。为此，物业公司要求魏女士恢复原状并多次下达《整改通知书》，但都被魏女士拒绝了。无奈之下，业主们将魏女士告上法庭。

魏女士把储藏室的功能改造成生活居室，显然会影响周边邻居的正常生活。根据我国《民法通则》第83条和《物权法》第84条之规定：不动产相邻各方，应当按照有利生产、方便生活、团结互助、公平合理的精神，正确处理截水、排水、通行、通风、采光等方面的相邻关系。给相邻方造成妨碍或损失的，应当停止侵害，如果已经造成妨碍他们正常生活的结果，就要尽快排除妨碍，恢复原状。

在如何维护业主利益的问题上，业主选择通过法律诉讼的做法是正确的。法院经过审理此案后作出判决，魏女士的做法侵害了其他业主的相邻权，应当立即排除妨碍、恢复储藏室原状。

业主私拆家中暖气管
供暖协议未变仍缴费

孙女士在北京市海淀区买了一套新房。入住一段时间后,觉得屋内原有的暖气设施不美观,且位置不好便不想再用小区原有的取暖设施,于是她未经建筑安装部门与物业公司同意,便请自己朋友帮忙拆除了自己居室内原有的暖气片,安装了电暖气。供暖季节来临时,物业公司仍按照与其原来签订的取暖协议征收取暖费。孙女士认为自己并没有享受到小区物业公司提供的供暖服务而拒绝支付。物业公司在索要无果的情况下,将孙女士告上法院,要求其按照当初共同签订的《供暖协议书》向物业公司支付供暖费。法院在审理这起纠纷中认为,物业公司的诉讼请求是合情合理合法的。

首先,孙女士在入住这个小区时便与物业管理公司签订了《供暖协议书》,其中明确规定,孙女士按照规定向物业公司缴纳供暖费,由物业公司为其供暖,在一个供暖季内每建筑平方米收费30元。这份《供暖协议书》是具备法律约束力的书面合同。签署协议书的双方在没有签订新的供暖协议情况下,都要认真遵守这个协议,谁违反协议,谁就要承担相应的法律责任。

第二,根据建筑安装规定和供暖要求,室内所有的管线都是按要求来定位的,因此水、暖气、燃气等管道都是明管。有些家庭为了美观擅自拆改管线,不仅影响了水电暖气系统的正常运行,而且隐藏的安全隐患极大。私拆暖气片是违反供暖协议及建设安装规定的,住宅楼的内部供热系统是楼房整体的一部分,擅自拆改供热设备,会破坏整栋楼的供暖循环,使楼体采暖效果受到严重影响。供热面积缩小或者扩大都会给周围住户、甚至整个小区的供热造成不利影响,还会带来安全隐患。

第三，根据《北京市住宅锅炉供暖管理规定》第9条第一款、第二款、第四款之规定："爱护供暖设备，保持供暖设备的完好，积极配合供暖单位对供暖设备的检修、维护工作。不得擅自增加散热器、扩大采暖面积或者拆改室内采暖设备。按照规定的期限和标准向供暖单位交纳供暖费。"孙女士所住的小区是由物业公司供暖，业主作为热力的消费者，二者之间本身就是公平买卖的市场供求关系。孙女士在未与物业公司协商的情况下拆除自己居室内的供暖设施，想单独结束这种供求关系是违规违法的。

法院在审理这起案件时强调，物业公司的供热义务不仅是其与业主们签订的合同中之约定，而且供热系统在技术上系整体供热，物业公司必须履行供热合同，以保证整体供暖。孙女士拆除暖气片的行为有可能对整体供暖造成影响，其行为不妥。法院认定拆除暖气片也不能免除孙女士应该缴纳的集中供暖费，判令孙女士依照她与物业公司签订的《供暖协议书》之规定，继续向物业公司缴付供暖费。同时，物业公司应该负责请供暖技术人员对改造后的暖气管道进行检测，如存在安全隐患或影响供暖，则应该整改，检测整改费用由孙女士承担。

私改燃气管道属违规
及时复原才是好办法

家住北京市通州某小区1号楼的90余户业主们最近很高兴,因为他们终于在入住小区1年后用上了管道天然气,然而小区内2号楼的管道天然气至今仍未开通。当小区2号楼业主们问及开发商为何延迟开通天然气时,给出的答复是:因为这栋楼部分业主私改燃气管道已造成安全隐患,一旦接通天然气,极有可能发生天然气泄漏引发事故。燃气公司的工作人员也表示,要看业主们将私改燃气管道的情况恢复到原来样子的工程进度,才能确定什么时候接通天然气。

现在燃气公司为一些新落成的住宅小区业主开通管道燃气时,时常碰到因业主在装修过程中私改燃气管道、燃气器具安装不符合规范等违规问题,造成不能为其开通的尴尬。一方面,业主急等通气开火烧饭烧水;另一方面燃气公司为用户的安全着想,必须严格执行国家法规,拒绝为其送气。

日常装修中,一些业主经常私自将燃气管道改装,或将其暗包起来甚至架设在墙壁内,以达到美观的效果。这样虽然视觉上好看一些,但这种私改燃气管道的行为是十分危险的,相当于在居民家中放置了一颗"不定时炸弹"。因此,广大居民在家居装修时切勿将室内燃气管道、阀门埋藏在墙体内,也不要将阀门密封在没有通风孔的橱柜内,以免燃气泄漏无法散发而发生意外事故。作为燃气公司、物业公司,也有义务告知业主在装修时必须注意的事项,对业主的装修活动进行监督。如果业主违反应注意的装修事项,例如私自拆承重墙,擅自拆改供暖、燃气管道等公共设施等。物业公司一旦发现这种情况应及时予以制止,除了拒绝为其接通暖气、燃气,还应该限期令其改正恢复原状,如其固执己见,不听从规劝,物业公司或燃气公司可以向行政执法部门反映,由执法部门对该业主进行处罚并令其改正。物业公司在处理这类事件中,应尽量避免由于个别业主私改燃气管道而拒绝为大多数业主开通燃气的情况发生。

2007年5月1日正式实施的《北京市燃气管理条例》中明确规定:"擅自改动燃气设施或者不按照燃气设施改动许可的要求实施作业的,由城市管理综合执法部门责令停止违法行为,并处1万元以上3万元以下罚款。"罚款是小事,最重要的是人的生命。为了自己的生命安全,为公共安全着想,也为尊重他人的生命安全,千万不要违反规定私改燃气管道,已经私改燃气管道的业主应及时改正,认真做好恢复原状及善后处理工作。

狗伤人邻居反目成仇
犬主担责任依法赔偿

家住北京市昌平区某小区的吴女士，有一天吃完晚饭后走出家门在小区内散步，突然间一只狗猛扑过来将其咬伤。所幸的是这只狗被主人——邻居俞女士及时喝止，吴女士才从犬口下逃生，但已被狗咬得浑身伤口达10多处。吴女士一气之下将这条狗的主人俞女士告上法庭。本来邻里之间一直和平相处，现在却反目成仇。人们说，这都是小狗惹的祸。

养狗原本是个人爱好的"私权"，从法律的角度来讲，养狗的"私权"须在受到"相邻权"限制的基础上加以运用才合法。在相对狭小的城市空间里，养狗带来的犬叫噪声、随地便溺、细菌污染等问题，不可能不影响他人的生活。受其影响的邻居有权同意或限制狗主人的养狗行为，这是《中华人民共和国民法通则》明确规定和保护的"相邻权"。《民法通则》第127条之规定："饲养的动物造成他人损害的，动物饲养人或者管理人应当承担民事责任。"根据最高人民法院《关于审理人身损害赔偿案件适用法律若干问题的解释》第17条之规定："受害人遭受人身损害，因就医治疗支出的各项费用以及因误工减少的收入，包括医疗费、误工费、护理费、交通费、住宿费、住院伙食补助费、必要的营养费，赔偿义务人应当予以赔偿。"法院审理吴女士诉讼时认为，俞女士家所饲养的犬，因看护不周，将吴女士咬伤，俞女士应承担责任，赔付吴女士因此所造成的1万元医疗费用和精神损害赔偿。

由此看来，宠物狗在给俞女士带来欢乐的同时，也给她带来法律上的纠纷和经济损失，更给吴女士带来精神上和肉体上的痛苦。造成了人与人之间关系的不和谐，这咬人之"犬"是罪魁祸首。据有关部门2006年1~9月的统计数据显示，北京市被狗等宠物抓、咬伤的人数超过 10 万，全国累计报告狂犬病发病数 2254 例，与 2005 年同期的 1738 例相比，上升近三成。另据了解，1996 年全国仅报告狂犬病 159 例，尚不及 10 年后一个月发病数的一半。2006 年狂犬病已经连续 4 个月成为我国报告死亡人数最高的传染病病种。需要特别指出的是，由于目前狂犬病还是不治之症，患病之后的死亡率几乎是百分之百。由此可以看出，依法整治"犬患"，迫在眉睫，因为这种"犬患"已经威胁到人民群众的安全和健康，也带来一系列社会问题和引发不和谐因素。

养狗看似小事，但却是关系到构建和谐社会的大问题，不可等闲视之。当养狗出现大众化和流行化趋势，一系列问题也应运而生。由不规范养狗行为导致的免疫卫生、公共安全、生活环境等问题，已经构成了对公共利益和城市文明的侵犯，养犬行为已不仅仅是个人爱好问题。针对越来越猖獗的"犬患"，很多省市相继颁布了《养犬管理规定》。制定了行之有效的限制"犬患"蔓延的具体措施，并得到了老百姓的认可和拥护。这些规定与措施只有得到养犬人和不养犬人共同理解、支持与执行，全社会才有可能形成依法、文明、科学的养犬环境，才能创建和谐、安全、幸福的美好生活。

城市垃圾要依法管理
居住环境需大家维护

家住北京市朝阳区某小区的业主们终于可以舒心了,他们生活环境脏乱差的现象开始得到整治,他们制止乱倒垃圾的行为有了法律依据。由建设部颁布的《城市生活垃圾管理办法》于2007年7月1日正式施行。这一管理办法的出台,对城市垃圾的管理及环境综合治理有着积极意义,制止乱倒垃圾、污染环境的行为有了法律武器。

以前,这个小区里虽然有垃圾箱,但仍然有很多人将垃圾随意扔在路边,这种行为不断"蚕食"着小区内的道路和草坪。经小区监控录像显示,这些垃圾中的大部分不是小区业主们所为,而是小区外面附近饭馆经营者扔在这里的。这个小区北面是一条小吃街,不少商户为了贪图方便,随意将垃圾扔在就近的小区里。随着附近饭馆和商家的增加,往小区内乱扔垃圾的情况也越来越严重。尽管小区物业公司或业主们不断指责乱扔垃圾商户们的不文明行为,却始终无济于事;尽管有物业公司的保洁员不断进行清理,但是随着天气越来越热,小区内没有及时清理的垃圾臭味吸引着飞来飞去的苍蝇,越来越让人们难以忍受。

就在这个时候,《城市生活垃圾管理办法》正式出台了,小区的人们如释重负。有关部门对这种以前属于不文明、现在属于违法的行为有权依法制止,责令其停止该行为、限期改正、并处以200元以下的罚款,对于单位有乱倒垃圾行为的,将被处5000元以上50000元以下的罚款。

乱倒垃圾不仅仅是一种不文明行为,还是一种违法行为,这种行为还会影响城市环境卫生,并将导致疾病传播,危害人们的健康。随着新法规的出台,将会从根本上遏制乱倒垃圾现象的蔓延。目前，我国有600余座大中型城市，城市人均年产垃圾440公斤，城市垃圾的年排放量接近1.5亿吨，且仍以年均10%的速度增长。新法规的出台，是与时俱进之举，有利于城市的净化和美化，有利于提高人们爱护保护环境的法律意识。有一位经济学家做了个有意思的比喻：当一座小区建成后，你如果在其附近再建一座垃圾场，该小区的房子就会贬值；你如果在其附近通上地铁或公交线路，该小区的房价就会上扬。因此，莫要忽视垃圾问题，其与经济发展密切相关。

产生乱倒垃圾现象的原因是复杂的，一方面要培养人们的公德意识，增强人们的环保环卫意识，树立人人遵纪守法的法律意识。另一方面，相关部门还应该不断完善环保环卫规划，增设垃圾回收处理设施等。只有这样，城市的环境卫生才能真正清洁干净起来。一个整洁优美的居住环境，需要大家共同来爱护和维护，需要相关法律法规的完善和落实。

封闭自家阳台成被告
未协商格式合同无效

刚刚搬入新居的济南沈先生最近碰到了一件令他头疼的事情,原因是他家住在一楼,阳台位置紧邻着小区绿地,阳台栏杆很矮一般成年人只要稍微迈腿就可以轻松跨入他家阳台,继而进到屋里。沈先生觉得这样的家实在没有安全感,在经过几次和物业公司交涉希望封阳台无果后,便决定自己动工。

沈先生家的新阳台刚完工,麻烦便接踵而来。原本一直不同意沈先生重新封闭阳台的物业公司,竟然把沈先生告上法庭。原因是沈先生家封阳台的举动影响了小区整体景观。物业公司说,沈先生家这样动工违反了当初双方在《物业服务合同》中约定:"本小区业主不得封闭自家阳台"的条文。希望被告方尽快拆除擅自动工的部分,并使阳台恢复原状。

沈先生接到法院传票后也很是不解,认为自家的阳台封与不封属于个人行为,而且也是为了自身安全考虑,凭什么要拆除。

一方是业主为保护人身及财产安全需要,封阳台似乎天经地义;另一方是物业公司为了统一小区建筑风格、美化小区环境而阻止小区业主擅自封阳台,这样的理由也合乎情理。那么物业公司到底有没有权利阻止沈先生封自家阳台呢?

从法律角度讲,沈先生封自家阳台的行为并不违反我国现行的法律法规。因为根据我国《物权法》第71条之规定:"业主对其建筑物专有部分享有占有、使用、收益和处分的权利。业主行使权利不得危及建筑物的安全,不得损害其他业主的合法权益。"另外又根据《物业管理条例》规定,在符合业主公约、管理规约、不危及建筑物的安全,不损害其他业主的相邻权等合法权益的前提下,业主可以安装防盗设施,否则物业管理部门可以根据《物业管理条例》的相关规定、《物业服务合同》或者业主大会、业主委员会的授权进行管理或制止。

法院经过审理后作出判决,一、物业公司与沈先生签订合同中不得封闭阳台的条款无效;二、驳回物业公司要求沈先生将自家阳台恢复原状的诉讼请求。

根据我国《合同法》第39条之规定:"格式条款是当事人为了重复使用而预先拟定,并在订立合同时未与对方协商的条款。"因此,格式条款具有预先拟定、重复使用、单方提出、未经磋商等重要特征。本案中原告方物业公司作为物业管理者,通过其单方提供的、为重复使用而预先拟定的合同,提出"不得封闭阳台"的条款,该条款内容未与沈先生家及小区所有业主协商,亦非遵从业主大会的决定或业主委员会的授权,完全属于格式条款。这种合同中禁止封闭阳台的格式条款排除了沈先生的主要权利,应属无效。

综上所述,沈先生因居住安全、防尘、防噪声之需要封闭自家阳台,如果未损害其他建筑物所有人的合法权益,故其行为不构成对专有所有权的不当行使,应予准许。另外,物业公司是服务单位,无权干涉业主封与不封自家阳台。

业主建花园引人效仿
物业劝无效起诉获胜

2007年9月,高先生购买了北京市通州区某小区一套别墅并入住,由于小区基础设施没有完全到位,社区内规划的绿化区域也没有建好。高先生决定将自家围墙向外多扩建5米修建一个花园用来改善自家小环境。2个月后,当高先生花15万元把花园建成后,引来一部分业主的赞扬之声。紧接着,小区内就有相当多的业主开始效仿高先生,陆续在公共土地上建起自己享受的"私家花园"。

高先生的举动也引起了另外一些业主不满,这些业主纷纷到物业公司投诉,提出如果物业公司再不履行职责出面制止,放任其他业主在小区的公共地盘上擅自修建自己独享的花园的行为,就不再缴纳物业管理费。物业公司此时左右为难,因为业主们花费大量金钱修建的花园,怎么可能听从物业公司的要求恢复原状呢。尽管这样想,物业公司还是找修建私家花园的业主们进行了劝告。遭到拒绝后,物业公司把高先生等圈地建自家花园的25名业主起诉到法院。

这些年来随着房地产业的迅猛发展,一些新建小区内业主和物业公司之间或与开发商之间的矛盾也愈发多起来。经常会出现一些业主在公共土地上扩建只供自己独享的自家花园的现象。根据《中华人民共和国物权法》中的相关规定,如果房屋的改建、添附,对整栋楼房的安全构成威胁,对邻居的利益构成侵犯,则可能构成违法行为。因此,当业主在决定改造自己的房屋周边环境之前,应该按照与物业公司签订的《物业管理公约》,事先征得物业公司的书面同意。而且为了避免将来建设或拆除造成的损失,开发商与业主在签订购房合同时,应该通过补充协议或另行达成协议。针对业主确需改建、扩建、修建相关设施约定具体操作规程，明确违约责任。这样做既赋予业主相关的权利，又可避免"圈地"行为对物业公司和其他业主造成侵权。

很多时候，这些业主们可能并不知道自己"圈地"的行为是违法。虽然每位业主都在小区内购买了自己的房产，但整个住宅小区毕竟是全体业主的，个别业主的"圈地"建自家花园行为势必会影响到小区其他业主之间的利益，这本身就构成了违法。这种违法行为引发了他们与未"圈地"业主和物业公司之间的矛盾，解决矛盾的办法，就是"圈地"业主拆除自建花园，恢复原状。作为业主应该正确理解自己对已经购买的房屋的权利和应尽的义务。拥有房屋所有权，不能理所当然地以为可以根据自己个人意愿擅自改造房屋周边（公共地界）环境包括圈地绿化，否则就可能造成越权甚至侵权。

住户改承重墙成被告
要求其复原合理合法

北京市西城区人民法院近日受理了一起案件，原因是住户潘某擅自拆改自家房屋承重墙，改变室内建筑结构，并在窗台外搭建了鸽棚，邻居住户担心房屋和整栋楼的安全，故将其告上法庭。

原告夏侯先生称，被告潘某是自己邻居。2008年4月中旬，潘某擅自将其两居室房屋内的承重墙打通拆改为垭口，并将另一段承重墙进行拆改，同时改变了室内的卫生间、暖气管道、坎墙等内部建筑结构，更将一间作为鸽舍，在窗台外搭建了鸽棚，影响原告采光，原告多次向被告说明拆改承重墙及搭鸽子窝的厉害，未果，被告仍按其方案施工完毕。

原告认为，被告潘某违反国家建筑规范和房屋出售协议约定，未经有关部门批准擅自拆改承重墙以及配套设施，威胁到原告房屋乃至整栋楼的安全，其饲养鸽子的行为影响了原告的生活，属于违规。故要求被告将承重墙、室内房屋结构、房屋配套设施恢复原状，拆除鸽棚，并对原告赔礼道歉、赔偿原告损失费2万元。

家装问题不仅涉及社会公德，而且也应承担相应的法律责任。具体的法律依据有《住宅室内装饰装修管理办法》，该办法第5条明确规定：住宅室内装饰装修活动禁止下列两种行为，（一）未经原设计单位或者具有相应资质等级的设计单位提出设计方案，变动建筑主体和承重结构。（二）将没有防水要求的房间或者阳台改为卫生间、厨房间。

此外，建设部颁布自2006年4月1日起开始实施的《房屋建筑工程抗震设防管理规定》第26条规定：违反规定，擅自变动或者破坏房屋建筑抗震构件、隔震装置、减震部件或者地震反应观测系统等抗震设施的，由县级以上地方人民政府建设主管部门责令限期改正,并对个人处以 1000 元以下罚款,对单位处以 1 万元以上 3 万元以下罚款。

针对有越来越多的业主装修房屋擅自改动承重墙的行为屡禁不绝并将导致严重后果的情况,国务院《建设工程质量管理条例》明确规定,涉及建筑主体和承重结构变动的装修工程,建设单位应当在施工前委托原设计单位或者具有相应资质等级的设计单位提出设计方案;没有设计方案的,不得施工。另一方面,相邻方在为了自身利益装修房屋时,不仅要符合相关法律法规的规定,也不得对他人的正常生活等造成妨碍。提醒业主注意,虽然拥有房屋的所有权,但不等于能够对房屋随心所欲地进行装修。尤其要注意在装修过程中不要损坏房屋承重结构,避免给房屋安全造成隐患,不能侵犯其他业主的合法权益。

北京市住房和城乡建设委员会、市公安局联合发布的《关于加强住宅装饰装修活动中擅自变动建筑主体和承重结构违法行为监督执法的通知》中,明令"装修人在装饰装修活动中,严禁擅自变动建筑主体和承重结构,业主装修房屋擅自改动承重墙将被处以 5 万至 10 万元的罚款并限期改正。"该通知自 2010 年 1 月 1 日开始施行。

国家有关部门制订的详细管理规定和办法,是行政性法规,必须得到贯彻执行。另外,拆除非承重墙也要注意,因为如果整栋楼的居民都随意拆改非承重墙体,必将大大降低楼体的抗震力。任何对楼体"伤筋动骨"的做法,都会破坏整栋楼的承载力。一般情况下,物业公司不会允许业主擅自拆改承重墙,负责任的装饰装修公司也会劝阻,周围邻居也会提意见。对于一些业主偷偷找到非法施工人员砸开承重墙或者在墙壁上打个窗户的违法违规行为,邻居们或物业公司要求其尽快恢复原状是合理合法的。

圈树建房属违规行为
人人可批评劝其改正

电视剧《贫嘴张大民的幸福生活》里有一个场景,剧中人张大民住的屋里有一棵大树。有些观众看了觉得非常新鲜,可生活中确实存在着这个场景的翻版,它就发生在北京市东城区的一个小院里。

2003年,俞女士的家中老人因病不方便外出洗澡,所以就在院子里搭建了一个专门洗澡用的小房间。小院地方有限,因为有一棵50多年树龄的老槐树在院子中间,俞女士就像电视剧里的张大民一样把树圈进了自建的这间小屋内。

这些年来,院里其他住户们为大树的处境担忧,还为俞女士侵占了院子内的公用面积而不满,也为这间房子妨碍大家在院子里的正常活动和进出自由而烦恼。近日,俞女士的邻居王女士和刘小姐等人多次要求俞女士将院中围着老槐树的自建房拆除,但均遭拒绝。

俞女士这样圈树建房肯定会影响树的自然生长,是不对的。那么,这种行为是否为违法违规呢?北京东城区绿化办公室的同志说:圈树盖房会对树的自然生长有不利影响,绿化办公室曾派人对俞女士这种行为进行过批评,希望尽快拆除圈树的房子。但由于绿化办公室没有执法权,反复劝说仍然收不到效果。这种事情的处罚应该归城管执法队管。根据《〈北京市城市绿化管理条例〉罚款处罚办法》的相关规定:"就树盖房或者围圈树木的,除恢复原状、赔偿损失外,还将被处200~1000元罚款。"因此,俞女士围树建房的行为是违法的,应该接受相关处罚,并将非法建的小房子拆掉。

大树是国家财产,大家都应该爱护。像俞女士这样为了自家利益，破坏国家财产，无视国家法律法规，公然圈树建房，已经严重影响树木的自然生长，属于违法行为。另外，大树被围在屋内，由于屋内温度高，会加快病虫害的滋生，从而导致树木枯萎，甚至可能引发树倒房毁，引发人身伤亡事件。在这种问题上，建设、林业及园林绿化等相关部门都有责任管，劝告当事人尽快拆掉这种违章建筑，如若遭到拒绝，则应该由城管执法部门依法行事，对相关责任人进行批评教育，限期恢复原样，并对其处罚。如其仍然一意孤行，有关部门或邻居可直接将当事人起诉到法院，通过司法途径彻底解决违法圈树建房问题。

楼上掉下酒瓶砸伤人
无免责理由都将担责

城市的楼房越来越多,越盖越高,楼上坠物砸伤甚至砸死路人的事件时有发生。家住北京通州区某小区的郭先生最近就碰到一件烦心的事。一天傍晚郭先生在小区里遛狗时突遭横祸——旁边的住宅楼的某扇窗户中突然飞出一只啤酒瓶,不偏不倚正砸中他的头部,致其头破血流,受伤倒地。狗的狂叫惊动了郭先生的家人,其被送进医院救治。面对如此重的伤势,该楼居民竟无一人敢站出来担责。郭先生的家属气愤地表示:自己已经咨询过律师,如果再无人站出来为这件事情担责,就将把该楼所有居民告上法庭。郭先生家属的做法对吗?人民法院会立案吗?

扔垃圾,下个楼,只不过"举手"之劳,有人却偏要偷懒,将垃圾随手抛出窗外。这一扔,不仅扔掉了一个公民应有的道德水准,也有可能会给他人带来严重后果。"无主"的啤酒瓶不仅砸伤了人,更"砸伤"了社会公德。根据相关法律规定,在侵害人不明的情况下,受害人完全可以根据坠落物的抛物线,推定"肇事楼"上的居民都有嫌疑,都有责任。除非有充分的证据来证明自己没有实施过这种侵害行为,方可免责,否则,将与该楼的其他居民一起承担对受害人的法律责任。

楼上坠物砸伤路人这是一个值得关注的、带有普遍疑惑性、典型性的问题,解决这类问题是有法可依的。根据我国最高人民法院《关于民事诉讼证据的若干规定》的有关规定,在无法确定空中抛物谁是罪魁祸首的情况下,受害人可以将整栋大楼里的住户告上法庭。作为被告的住户,可以举证证实自己在事发时没有丢过啤酒瓶。如果有住户不能举证证明自己没丢瓶子,那该住户就可以被推定丢了瓶子,应承担相应的法律责任。若是举证过程中，有若干住户都无法证实自己没丢啤酒瓶，他们便作为连带责任人，必须共同承担法律责任。

自 2010 年 7 月 1 日起施行的《侵权责任法》中明确规定，从建筑物中抛掷物品或者从建筑物上坠落的物品造成他人损害，难以确定具体侵权人的，除能够证明自己不是侵权人的外，由可能加害的建筑物使用人给予补偿。根据这个规定，同一幢楼里的业主，如果不能证明自己不是侵权人，那么将共同为受害人的损失埋单。

同时根据我国《民法通则》第 126 条之规定：建筑物或者其他设施以及建筑物上的搁置物、悬挂物发生倒塌、脱落、坠落造成他人损害的，它的所有人或者管理人应当承担民事责任，但能够证明自己没有过错的除外。

高空坠物伤人是一种特殊侵权行为，属过错推定责任。一般情况下，对于高空坠物伤人案件的审理，是采用举证倒置原则。作为高空坠物致人损害的案件，侵权人一般只须承担民事责任。因此，郭先生家属在无人站出来担责的情况下，采取起诉该楼上无免责理由住户的行为是合理合法的。

如果有证据证明某人故意高空抛物，致人重伤或死亡，则可能构成刑事犯罪。根据具体情形，将会被认定为"过失或故意伤害罪"。

消防通道不允许侵占
确保畅通可救急逃生

北京市宣武区某小区内在大年三十晚上因燃放鞭炮引发一堆可燃物起火,这些可燃物是小区物业公司春节前刚运来的一批装饰材料。当消防车呼啸而至时,却发现小区内空地都停满了汽车,甚至连消防通道上也整整齐齐地停满了私家车,消防车根本开不进去。消防队员只能采取保守的办法,防止火势蔓延,眼睁睁看着那堆可燃物化为灰烬。

随着人们生活水平的提高,拥有私家车的家庭越来越多,而我们一些住宅小区内的停车场规划和建设还没能够更好地适应其新形势发展的需要。比如笔者所居住的小区,入住之初,开发商也曾在预留的停车位空地规划了一些停车通道。但随着业主私家车辆的增加和物业公司受经济利益驱使,物业公司就把原有汽车通道或人行道路加以重新划分尽量用来多停车。更有甚者,物业公司还把原来预留的消防通道也画上了停车线,晚上、甚至白天都停满了汽车。据悉,很多较早建成的住宅小区的停车大多是这种状况。

消防通道是救急逃生之道,是通往生命之道。此路一旦被堵塞,就可能延误伤病人员的最佳救助时机,堵住了挽救生命或财产的最后一线希望。现在消防通道被堵的情况比较普遍,很多住宅小区物业公司人员及居民根本没有认识到这是严重的消防隐患。为什么消防通道上出现车满为患的现象呢?归根到底是人们(包括业主和物业公司人员)消防观念淡薄所致。大家对此习以为常、司空见惯,本文开头所讲的这座小区即是如此。因此,要使消防通道畅通,首先要通过各种有效措施,强化人们的消防意识,在思想上先让人们消防观念畅通,在具体措施上,就是消除消防通道上的所有障碍，保证这条通道畅通。

按照《中华人民共和国消防法》第5条之规定：任何单位、个人都有维护消防安全、保护消防设施、预防火灾、报告火警的义务。该法的第28条还规定："任何单位、个人不得损坏、挪用或者擅自拆除、停用消防设施、器材，不得埋压、圈占、遮挡消火栓或者占用防火间距，不得占用、堵塞、封闭疏散通道、安全出口、消防车通道。人员密集场所的门窗不得设置影响逃生和灭火救援的障碍物。"

物业公司人员将消防通道上画上停车线，让业主的私家车停放于此属于违法行为。消防通道如果不畅，火灾发生后就会直接影响到受灾人员的疏散，也使消防人员无法及时进入火灾现场，影响救人救灾。如果因此而使住宅小区业主遭受损失，物业公司负有不可推卸的责任，应该赔偿业主损失。但在此次火灾中，恰恰是物业公司自身的原因造成自己财产损失，也只能是花钱买个教训。我们要依法清理消防通道，住宅区内的道路再拥挤，也应该画出明显的消防通道线，还应对楼道内停放的自行车、箱子等杂物进行依法清理，切实保证各条消防通道的畅通。

私搭乱建属违法行为
私拆违章建筑亦违法

冯先生在北京东城区某胡同的一所大杂院子里住了30年。一年前,儿子要准备结婚了,可家里的住房太拥挤。无奈之下,他便在大杂院里搭建了一间小房,供儿子小两口居住。但是,这件事引起了邻居陈家的不满,他们认为冯先生不光侵占了小院里几户人家的公用面积,而且这间房也影响了自己房屋的采光。在几次交涉无果后,陈家的人便趁冯先生家人外出时把他家私自搭建的房屋拆除了,并把这屋里的家具等物品堆放在院门口。为此冯先生把陈家告上法庭,要求赔偿自己房屋被拆造成的损失15000元。

根据《中华人民共和国土地管理法》的相关规定,拆除违章建筑必须通过一定的法律程序,即先由具有行使决定权的地方行政管理部门作出处理。处理决定生效后,拆除部门才具有行使拆除违章建筑的权利。即使违章者拒绝履行决定,作出拆除处理决定的政府行政主管部门也无权采取强制措施拆除,只有由作出处理决定的行政主管部门申请人民法院强制拆除并得到允许后,再实施强制拆除才是合法的行为。陈家人私自拆除冯先生家违章建筑的行为是违法行为。虽然冯先生在未得到政府相关部门批准之前私自搭建的房屋不是合法建筑,但是违章建筑不是任何人皆可随意毁损拆除的。也就是说,对违章建筑只能通过法定程序由法律授权的相关部门予以处理。除此之外,其他单位和个人擅自拆除、侵占或毁损违章建筑的做法显然于法无据。法律无授权即为禁止,为之即是违法。

还有一点需要说明,从法律上讲,虽然违章建筑不是合法的存在物,但是,违章建筑人用于违章建筑上的建筑材料,一般均为违章建筑人的合法取得，该部分财产应认定为违章建筑人的合法财产。其次，在地方行政主管部门对违章建筑人作出不是必须拆除的处罚决定后，只要违章建筑人在补办了违章建筑的批准手续后，其违章建筑即转化为合法建筑。

本案中，无论冯先生私自搭建的房屋是否为合法建筑，陈家都无权自行拆除。况且，搭建小屋的建筑材料是冯先生合法购买的私有财产。本案纠纷的起因是冯先生违章建房，所建房屋还侵犯了陈家的采光权，因此按照我国《民法通则》第131条之规定，受害人（冯家）对于损害的发生也有过错的，可以减轻侵害人（陈家）的民事责任。

对于违章建筑，只要有关部门切实重视起来，严格执法，监管到位，防微杜渐，私搭乱建这一城乡建设中的顽疾是应该能得到妥善解决的，当然，也就不会有人以不合法的手段私拆他人的违章建筑了。

房主盖房擅自加三层
轰然倒塌违建者受罚

在河南省某市的一个城中村里,一栋6层小楼近日轰然倒塌,当场造成3人死亡、2人受伤。倒塌的房屋原本是一栋3层小楼,后来经过房主的两次加盖,变成了倒塌前的6层。但是,它的地基却没有加固过,而且加盖楼房时所使用的建筑材料只是红砖垒成的围墙,并没有按照建造六层楼房的国家标准施工,因此也没有使用钢筋水泥和金属结构等必须的建筑材料,且施工队没有任何资质。这样的施工显然不符合建筑施工规范,可以说,房主的私搭乱建、违规加层是这起事故的主要祸因。

这座房屋的所有人为追求个人利益最大化盲目要求施工队施工,本身已经构成违法。他请的施工队又没有任何资质。无论是施工本身,还是擅自加高楼层,都是十分危险的,都会严重地危害公共安全。应该受到国家执法部门的处罚和法律制裁。

我国《物权法》规定:"物权人在行使权利时必须遵守法律,尊重社会公共利益和他人利益,不得滥用其权利,所谓物权的行使必须遵守法律和行政法规,不得损害第三人的合法利益,不得损害社会公共利益。"因此,不能因为谁拥有某栋房子的产权,谁就可以在这样的房屋上随意加层、加宽。即使房主拥有原有房屋的产权证,其打算改造房屋,必须依据法定的程序进行审批,然后才能依法扩建自己的房屋,这样的扩建行为才能受到法律保护。

建造违章建筑的行为,实际上也是在对他人生命财产安全构成危险的行为。2008年1月1日开始施行的《中华人民共和国城乡规划法》规定:"在城市规划区内新建、扩建和改建建筑物,必须由规划行政主管部门根据城市规划提出的规划设计要求,核发建设工程规划许可证。如果不办理报建手续,擅自建设,属违法建设行为，依法应受到处罚。"此外，私自在房屋上面加盖房屋还会造成私接电线、水管等，造成楼道间距狭窄、消防通道不畅通等安全隐患，这些行为都需要在严格管理、严肃执法中杜绝。

幼儿园加高遮挡采光
应依法尽快恢复原状

每年9月1日,是适龄孩子们分别走进学校或幼儿园的日子。而今年这一天,山东省济南市某小区的孩子们却没有能够按时进入小区内的幼儿园。因为这个幼儿园楼房要搭建遮光阳棚的问题成为附近小区业主们和幼儿园主管单位争论的焦点,耽误了孩子们的入园。这原本是一栋两层小楼的幼儿园,顶层是供孩子们娱乐用的平台。

前些时,小区内3号楼的业主突然发现有人在幼儿园顶层施工,要在顶层上再加上一层。幼儿园负责人认为,在幼儿园顶层的施工是为了搭遮光阳棚,不会影响3号楼业主们的通风和采光。3号楼的业主们却认为,3号楼和幼儿园之间只有不到15米的间距。按照原有规划设计,幼儿园顶层已经有高度1.1米的围墙了,如果要再搭建遮阳棚,一下子就要再高出3米多,肯定会对3号楼通风和采光有影响。也就是说如果幼儿园楼层再增高,3号楼一、二层业主的房屋采光会大受影响。

按照我国《物权法》第76条之规定:小区改建、重建建筑物及其附属设施,应当经专有部分占建筑物总面积三分之二以上的业主且占总人数三分之二以上的业主同意。该法第89条还明确规定,建造建筑物,不得违反国家有关工程建设标准,妨碍相邻建筑物的通风、采光和日照。与此同时,业主们找到小区所在地的规划部门。得到的答复是,该幼儿园并没有办理加盖楼层的相关手续。因为加盖楼层是一种建设行为,这种建设行为必须得到规划部门允许,并办理建设审批手续。如果幼儿园负责人擅自在幼儿园房顶加盖新建筑,加高的部分就算是违章建筑,换句话说,这种行为属于违法行为。

根据我国2008年1月1日开始施行的《城乡规划法》有关规定，该幼儿园的施工已经违反了建筑工程规划许可证的要求，不管幼儿园是增加的是楼层还是遮光棚，也不管增加的建筑是多少高度，这种增建的建筑都属于违章建筑，这种行为都属于违法行为。

我国法律中已经有关于建筑物相互之间的采光权、通风权的法律条款。《民法通则》第83条和《物权法》的84条都有明确规定：不动产相邻各方，应当按照有利生产、方便生活、团结互助、公平合理的精神，正确处理截水、排水、通行、通风、采光等方面的相邻关系。给相邻方造成妨碍或损失的，应当停止侵害。如果已经造成妨碍他们正常生活的结果，就要尽快排除妨碍，恢复原状。如果已经造成他们的经济损失，还应该依法赔偿损失。

小区晨练成噪声污染
用法律维护合法权益

　　家住北京市朝阳区某小区的 100 余名业主多次到小区物业公司和业委会投诉，原因是，每天清晨 6 点，很多上班族甚至孩子们还在梦中时，小区花园里的健美操音乐和健身者的口号声就把宁静的早晨搅得热热闹闹，影响了人们的休息。晨练本是件好事，但若因此扰乱人们正常生活就变成坏事了，因为好听的音乐已经变成了扰人的噪声。

　　根据国家 1997 年 3 月 1 日实施的《城市区域环境噪声标准》规定，住宅区的声音，白天不能超过 50 分贝，夜间应低于 45 分贝，若晨练的声音超过这个标准，就变成了噪声，便会对人体健康产生危害。噪声污染过大，轻则失眠、烦躁，重则导致人的一系列生理和心理疾病。所以噪声所造成的他人健康问题不容忽视，由此引发的法律问题也应受到人们重视。

　　造成小区噪声有很多种，比如楼宇的施工、邻居家的装修以及上述晨练的声音过大等等，这些都对小区其他业主权益造成侵害。根据《中华人民共和国治安管理处罚法》第 58 条之规定，违反关于社会生活噪声污染防治的法律规定，制造噪声干扰他人正常生活的，处警告；警告后不改正的，处 200 元以上 500 元以下罚款。2007 年 10 月 1 日实施的《中华人民共和国物权法》第 6 章第 83 条之规定，业主大会和业主委员会，对任意弃置垃圾、排放污染物或者噪声、违反规定饲养动物、拒付物业费等损害他人合法权益的行为，有权依照法律、法规以及管理规约，要求行为人停止侵害、消除危险、排除妨害、赔偿损失。根据相关法律规定，如果有人制造了噪声，并对他人的生活造成了侵害，就是违法行为。依照《物权法》的相关规定，小区内的噪声以及类似扰民纠纷已属于法律解决的范畴。物业公司和业委会都可以对此进行调解，如果调解不成，受噪声侵害的业主可以依法向人民法院提起诉讼，以维护自己的合法权益。这样将会提高公民的法律意识，维护人们优美和谐的生活环境。

　　在社会生活中，很多好事之所以变成坏事，就是因为有些人没有设身处地为他人想一想。假如你是上夜班刚回到家，正在睡觉，结果楼下晨练的声音太过激烈，诸如打拳的、唱歌的、跳舞的、鼓掌的等等，谁能不着急上火啊？参加晨练的人们本来是想锻炼身体，有个好心情，但如果因此引发邻里之间的矛盾就得不偿失了。如果参加晨练的人们调整一下时间或晨练项目、地点，是不是可以减少一些矛盾呢？

夜间照明强光是污染
始作俑者应接受整改

北京宣武区某小区的孙女士近几个月来一直非常烦恼,原因是距小区只有一条便道之隔的洗浴中心自从开业后,为了招揽客人,每到傍晚,其屋顶和外墙设置的大型霓虹灯广告牌便大放异彩,天一黑愈发显得彩光强烈。洗浴中心的"光彩工程"一直要持续到次日凌晨,孙女士3岁的小孩因得不到较好的休息而经常生病,洗浴中心的霓虹灯严重影响了她家人和邻居们的生活。

近年来,一些城市兴起了"亮丽一条街"的建设,不论是商业区还是生活区,到处在建亮丽街。其实夜景照明应该根据合理的需要而设计,而不是让处处都亮起来,更不是越亮越好。商业繁华区可以根据需要适当亮起来,但生活区、尤其是住宅小区的周围,就该本着方便、实用的原则,让该亮的地方亮起来。如果居民区周围的夜间如同白昼,这里居住的人们反而失去了夜晚带来的宁静感觉。孙女士和她的邻居们就碰到了这种令人啼笑皆非的情景,她为此曾和十几名邻居多次找洗浴中心协商解决"光污染"问题,但是始终没有实质效果。

随着现代化水平的提升,一系列新问题会产生。政府有关部门应该对新事物带来的负面影响有所准备,随时进行评估,从一开始就管起来,不要等到问题严重了、管理成本高了,才意识到严重性。例如提起光污染,很多人会想起白天玻璃幕墙上的反射光很刺眼,其实夜晚的霓虹灯污染也是一种光污染。这些年我国城市夜景照明工程发展很快,都市的夜晚的确比过去美丽了许多,光亮工程为降低犯罪率、减少交通事故起到了一定的作用。但是,都市的夜晚亮如白昼,也在一定程度上影响了人们正常休息和生活。根据相关法律,光污染是不被允许的。任何事物都有一个度,霓虹灯虽然好看，但过亮过频地闪烁在居民区就造成了光污染，就会给人们生活环境和健康带来负面影响。城市夜景照明中光污染对城市环境、生态系统以及社会生活造成的审美效果破坏、安全感降低、美丽夜空消失、能源浪费等6种不良影响。应该从控制光污染，保护城市夜间环境资源开始。加强监测手段和预防措施的研究，以界定其范围和危害程度，减少光污染的产生。真正的现代化，应建立在人与环境高度的和谐统一上。因此，人们在建设现代化都市的同时，要注意现代化的负效应。当你在享受现代化的同时，更应该警惕现代化的污染，并依法维护自己不受光污染。

　　北京市建委公布的《绿色施工管理规程》，要求全市所有在建、即将开建工地在施工扬尘、渣土运输、声光排放、安全生产等方面达标。2009年3月1日起按规定程序进行相应处罚，不达标工地将停工整改。这虽然是对建筑工地的管理规程，但对照明中的光污染也具有借鉴意义。当这种"光"已经影响到人们的正常生活时，不管是在施工还是在娱乐，或者是在做广告宣传，都属于生产、工作或经营行为，都直接或间接地为当事者创造经济效益。因制造这种"光"而形成污染的始作俑者，必须改正，甚至接受处罚。

采光通风权不容侵害
造成影响应及时整改

西宁市某企业在5年前建起了一堵高高的围墙，给住在围墙后某小区的王女士家带来了无尽的烦恼。因为这堵墙距离王女士家客厅窗户仅有30厘米。这堵墙建起来后就一直"堵"在王女士的窗前和心里，她曾经多次向有关部门反映，至今仍未得到解决。现在采光对她家来说已经成了一种"奢望"。其实王女士的要求很简单，只是希望能像小区里其他业主一样能享受到阳光，能有一个阳光明媚的居住环境。几年来，由于家里见不到阳光，不仅导致全家生活环境受损，而且家人情绪都因此受到影响。

随着房地产业的发展和人们居室面积的不断增大，人们对居住环境的要求也日益提高，诸如业主们为维护住宅采光权、通风权、眺望权的案件不断见诸媒体。根据《城市居住区规划设计规范》中有关规定，住宅间距应以满足日照要求为基础，综合考虑采光、通风、消防、防灾、管线埋设、视觉卫生等要求确定。关于采光权，在《民法通则》中有据可依，其中第83条规定："不动产的相邻各方，应当按照有利生产、方便生活、团结互助、公平合理的精神，正确处理给水、排水、通行、通风、采光等方面的相邻关系，给相邻方造成妨碍或者损失的，应当停止侵害，排除障碍，赔偿损失。"

依照最高人民法院《关于民事诉讼证据的若干规定》，在诉讼期间，对于需要鉴定的，当事人应当在人民法院指定的期限内提交相关鉴定申请及所需的材料，并预交鉴定费用。如果当事人在人民法院指定的期间内不提交鉴定申请，或提交鉴定申请但不及时缴纳鉴定费，或拒不提供有关鉴定材料的，应当依法驳回诉讼请求。

在法院受理的众多侵害采光权、通风权的案件中，判决结果大多为停止侵害、排除妨碍，判决赔偿损失的很少。由于法律对采光权侵害的赔偿规定比较原则。从审判角度上看，这类案件的取证就是一个大难题。阳光究竟对住户有多大的影响？照射多长时间或多大面积到底值多少钱？对于采光权的赔偿，大多使用的是1994年《北京市生活居住建筑间距暂行规定》中的标准：按其居室被遮挡状况给予一次性补偿800~2000元。可是区区千元赔偿实在难以体现采光权的价值。采光权纠纷的背后，不仅反应了小区业主的权益保护问题，还反映了急需完善法律法规的问题。

我们的城市规划和住宅设计既要体现科学性和严肃性，也要体现人文关怀精神，在涉及群众生活的一些敏感问题、焦点问题以及容易引发矛盾的问题上，让群众有充分的知情权、决策权，切实维护广大群众合法权益不受侵害。

采光权是人们生活不可缺少的基本权利。采光权是指不动产的所有人或使用人享有从室外获取适度光源的权利，是人们生活不可或缺的基本权利。采光权是一种相邻权。采光权从一个起初还鲜为人知的名词，发展到今天成为日益被重视的生活质量权利，说明了土地资源的稀缺性日益凸显，同时也说明人们居住水平的逐步提高和对生活质量有了更高的追求。采光权不仅与生命、健康息息相关，还包括了生活的安逸、舒适、宁静，人们期待着它能更好地被重视、被保护。

健身房噪声过大扰民
两居民举证即可立案

家住北京市石景山区某小区的李先生,实在忍受不了楼下健身房传来的刺激音乐和哑铃砸地的闷响。这闷响好似地震的余波般恐怖,李先生说自己做梦都希望能够解决健身房噪声扰民的问题。

据了解,李先生家楼下的底商是一家健身中心,2007年健身房开张以后,对于三层和四层的住户来说,噪声从此便不绝于耳了。震耳欲聋的音乐和健身教练激情的口令总是千方百计钻进耳朵,弄得人心烦意乱。李先生曾多次向当地环保局反映此类噪声问题,但由于哑铃砸地是震动大而噪声小,因噪声检测不易而无法索赔,只能劝说健身者注意,而无法根本解决问题。

目前,商家在经营活动中使用音响器材发出高噪声招揽顾客的行为,成为市民关注和投诉的热点问题。这类现象集中反映在商业繁华地段,部分大型超市以及健身房也存在类似问题。究其原因,一是城市规划中的问题,将商、住混杂的情况列入其规划之中,表现在楼上是住户、楼下是商铺,商家的经营行为对楼上住户正常生活产生的直接影响很大;二是个别商家经营过程中缺乏基本的社会道德和法律约束,干扰了居民的正常生活。

法律规定的环境噪声主要分为工业噪声、建筑施工噪声、交通运输噪声、社会生活噪声四大类。商家在经营活动中发出的噪声,属社会生活噪声。依据《中华人民共和国环境噪声污染防治法》第44条第1款之规定:禁止在商业经营活动中使用高音广播喇叭或者采用其他发出高噪声的方法招揽顾客;该法第60条第1款还规定:违反本法第44条第1款的规定,造成环境噪声污染的,由公安机关责令改正,可以并处罚款的规定进行处理。同时,根据《中华人民共和国治安管理处罚法》第58条之规定："违反关于社会生活噪声污染防治的法律规定，制造噪声干扰他人正常生活的处警告；警告后不改正的，处200元以上500元以下罚款。"

北京市政府有关部门在2008年11月27日公布的《查处制造噪声干扰正常生活案件的通知》和《关于明确查处环境噪声污染违法行为法律适用问题意见的通知》中对噪声管理作了进一步明确规定，公安机关在查处"制造噪声干扰正常生活"案件时，一般不需要进行噪声监测。有两名以上不同住户的居民证实，或者有其他证据可以证实该噪声干扰他人正常生活的，即可认定为"制造噪声干扰正常生活"。确有必要进行噪声监测的，由环保部门配合公安机关委托有资质的环境监测机构进行监测。

房屋质量需专业鉴定
赔偿亦包括贬值损失

2009年6月,王女士从开发商手里买了一套位于在山东省临沂市的商品房。当王女士满心欢喜入住后,却发现卧室和客厅的承重墙陆续出现多处裂缝,导致自己家人不能正常居住。

随后,王女士找到开发商,经双方协商,共同委托一家专业机构对该房屋进行检测,得出结论为承重墙裂缝贯穿墙厚,长度与房间净高基本相同,对房屋的正常使用和耐久性有一定的影响。王女士认为,专业机构给出的结论足以说明自己购买的这间房屋存在严重的质量缺陷,并认为开发商的行为违反了合同约定和法定义务,因此诉至法院,请求法院判令被告开发商赔偿该房屋的贬值损失以及缺陷修复损失费共计6万元;其次,请求法院判令被告承担本案鉴定费和评估费。

被告房地产公司辩称:首先,原告所述的房屋质量瑕疵并不属于结构问题,不影响原告的正常居住使用。其次,原告王女士要求被告赔偿损失和承担质量维修责任,缺乏法律依据。因此,只同意赔偿合理经济损失。

法院经审理认为:房屋裂缝修复费用属于买受人的既得利益损失即现有合法利益的减少,因此该房地产公司应支付相应的维修价款,以填平和补救给王女士造成的上述损害后果。关于具体价款数额的计算,对于房屋质量和价格评估,鉴定机构已根据实际情况作出了鉴定结论,法院对上述鉴定结论予以认定。

依据《中华人民共和国合同法》第106条之规定,当事人一方不履行合同义务或者履行合同义务不符合约定的,应当承担继续履行、采取补救措施或者赔偿损失等违约责任。该法第113条规定,当事人一方不履行合同义务或者履行合同义务不符合约定,给对方造成损失的,损失赔偿额应当相当于因违约所造成的损失,包括合同履行后可以获得的利益,但不得超过违反合同一方订立合同时预见到或者应当预见到的因违反合同可能造成的损失。

房屋贬值损失属于买受人的可得利益损失即在房屋交易过程中,必将产生的买受人可得合法利益的部分丧失,由于上述损失系房地产开发单位在签订合同时,应当预见到可能产生的损害后果,故该房地产公司亦应当对因其违约行为给王女士造成的上述可得利益损失承担赔偿责任。关于具体价款数额的计算,法院根据鉴定机构的评估认定,房屋的贬值损失既包括房屋裂缝修复费用这种现实利益,亦包括可预期利益损失即在房屋交易过程中,必将产生买受人可得合法利益的部分丧失,因此房地产公司理应赔偿王女士相应的可得利益价款。最后,法院判决该房地产公司赔偿王女士房屋质量缺陷修复费用和房屋贬值损失共计 51000 元。

本案的诉讼是由于房屋质量缺陷引起的,购房者购房后一旦发现房屋质量存在缺陷,应该尽快与房地产开发商协商共同聘请专业机构进行鉴定。这有利于将来双方协商解决或通过司法诉讼解决,也获得了对赔偿数额等问题的可靠依据。

家庭装修应先签合同
出问题才能维护权益

家住济南市的马先生2009年底聘请乔某的装修队为自家房屋进行装修,经双方协商装修款总额为6万元。经过一段时间的施工,房子基本装修完了。可是在验收房屋时,马先生对其装修所用的材料及施工质量很不满意,因此他只支付了乔某3万元装修费。半个月后,乔某将马先生告上法庭。

法院经审理认为,乔某受利益驱动,以个体装修队名义对外承揽装修业务,其本身既没有依法进行核准登记,也没有工商部门颁发的营业执照,更没有相应的《建筑业企业资质证书》及《装修装饰企业资质证书》。因此不具备对外承揽装修业务的合法资质。法院最后判定双方签订的装修委托合同无效,乔某承担主要责任,马先生因疏于对原告承揽装修业务资质的审查,亦承担一定的过错责任。

房屋装修是一个特殊的行业,国家对此有许多相关法律规定,特别对装修承揽方有严格的资质审查。但在一些小城镇和农村,不少包工队根本没有经主管部门核准的资质,也不具备对外承接房屋装饰业务的能力,其私自揽活儿,不仅难以保证装修质量,而且违反了国家的相关法律,导致装修委托合同无效,还可能引发社会矛盾。

生活中,有的房主为省钱、省事与装修队只达成口头协议就开工;有的即使订立了合同,但由于合同要件残缺不全,实质上只是一种简单的意向性协议;他们把更多的精力用在关注装修的价格、设计图、效果图以及所选的材料上,而对于合同中应具备的装修质量、期限、违约责任等重要条款却往往忽略。然而,上述不规范的委托合同引发纠纷后,双方往往相互推诿扯皮,必将导致双方的合法权益难以有效维护。

随着房地产业的蓬勃发展,房屋装修已成为广大居民生活中的又一消费热点。但是,由于目前家庭装修市场的不规范和消费者专业知识的缺乏,因家装而引发的纠纷也不断出现。根据《中华人民共和国消费者权益保护法》第 45 条之规定,对国家规定或者经营者与消费者约定包修、包换、包退的商品,经营者应当负责修理、更换或者退货。在保修期内两次修理仍不能正常使用的,经营者应当负责更换或者退货。

家庭装修应首先从以下三个方面综合考虑:第一,选择合适的承揽方。对房主而言,选择一个具有相应资质的装修队对房屋进行装修既符合法律的规定,也是对自身权益的有效保护。对于装修的承揽方而言,取得房屋装饰资质后再从事此行业,则是一种法律的强制性义务。第二,尽量详尽地订立房屋装修委托合同。合同是一种规范,是权利和义务的统一,只有订立明确详尽的合同文本,才是对自身权利的最有效保障。装修委托合同的双方当事人应当就标准、质量、价格、期限、违约责任等作出尽量周全、具体的约定,并严格按照合同约定履行义务、承担责任。第三,针对家庭装修的特殊性,无论是定做人还是施工单位,都要注意证据的收集与保存。如双方应对合同变更进行事先约定,妥善保存工程预算书、设计施工图纸及支付费用的单据,对合同中所约定的材料样品进行预先封存,发生争议后及时申请专业鉴定机构进行鉴定等等。

家装受污染不可小视
装修前签合同搞检测

　　家住广州的管先生买了新房，为了省钱，他从马路边找了一个流动装修队，尽量压低了价格就开始装修。他为了早日住进新居，催得很急，装修队加班加点，仅用了不到一个月时间就装修完了。管先生一家迫不及待地搬了进去。但他们刚住了一个多星期，一家三口就陆续病倒。先是上幼儿园的儿子昼夜哭闹不止，接着妻子也开始喊头痛，眼睛刺痛，口干舌燥，接着自己在一天半夜起床时因头晕而摔倒。第二天几位同事来家中探望，他们一进门就感到屋内的气味实在太呛人，纷纷说这屋子怎么能住人呢。管先生一家三口被送进了医院。后来朋友请来了室内环境检测中心的专业人员进行检测，发现甲醛浓度超过国家标准近40倍，还有其他有害气体也大大超标。管先生后悔不已，想维权都找不到那支装修队了，而且连个合同都没有，为了省钱几乎害了全家人的性命。

　　中国室内环境监测中心最近对广州市部分住宅小区的家庭进行的监测显示，被测户居室内甲醛的浓度超标率达96.3%，其中约10%的家庭甲醛浓度超国家标准7～10倍甚至更多。专家介绍，甲醛为较高毒性的物质，在我国有毒化学品优先控制名单上甲醛高居第二位。甲醛已经被世界卫生组织确定为致癌和致畸形物质。

　　据了解，市场上的复合地板、大芯板、贴面板、密度板以及各种胶粘剂都是甲醛的藏身之所。而我们在市场上所看到的装修材料几乎都打着"绿色"、"环保"的字样。对生产劣质家装建材的人和使用劣质建材装修的装修队来说，他们犯了什么法，是否应该受到相关的法律制裁？

　　首先，根据《中华人民共和国环境保护法》第2条之规定，认为环境是各种自然环境因素的总体，应当既是各种因素综合的总体，同时也是由各个局部环境结合在一起的总体。而家庭居室内的小环境正是组成总体环境的一个部分。因此，室内环境之污染应当构成法律意义上的"环境污染"。其次，表面看家装污染似乎仅仅是一个装修产品质量问题，其实质上让房主人身受到的损害并非直接源于产品质量，而是源于被劣质建材产品污染的空气。装修行为造成了室内空气污染并进而造成对人的生命健康权的损害，根据我国《环境保护法》第41条之规定："造成环境污染危害的，有责任排除危害，并对直接受到损害的单位或者个人赔偿损失。"

可以认定，那些造成家装污染的装修公司在装修过程中，使用劣质材料导致室内空气污染，并由此造成原告损害的行为已构成环境污染侵权。至于是否构成产品质量侵权的问题，依照我国《民法通则》和《产品质量法》的有关规定，因产品存在缺陷造成人身、财产损害的，生产者、销售者应承担赔偿责任。根据法理，当同时具有两种法律途径可以保护受害人的利益时，受害人可以选择对于自己有利的途径对自己的权益进行保护。即当家庭装修存在产品质量侵权责任和环境污染侵权责任的情况下，居民如选择维护自己的权益时，法院应当予以支持。

建设部于2006年8月1日实施的《民用建筑室内环境污染控制规范》规定，装潢完毕，装潢公司应对所装潢的房屋进行空气质量检测，合格后才能交房。房主在验收时要有自我保护意识，看到检测合格报告后再签收房屋。如发现室内空气有异常，房主切莫勉强入住，以免对自己和家人造成伤害，应尽快委托权威部门进行检测，及时获得有力证据，再通过法律为自己讨回公道。当然，房主在装修前一定要选择正规的装修公司，一定要签订能够维护合法权益的合同，一旦发现问题，依法维权。

装修噪声致邻居病亡
应依法承担赔偿责任

小区内晨练的广播声、装修噪声、练琴声此起彼伏,令居民不堪其扰直喊"烦",但也伴随着很多无奈。不少人被小区内的噪声困扰着,邻里关系因此受到影响。近日,北京市西城法院受理了一起因装修噪声过大引发邻居老人死亡赔偿纠纷。原告三人起诉被告孙某及北京某装修公司,认为该装修公司在装修时噪声太大造成家中老人死亡。

原告称,2008年3月底至6月上旬,被告孙某委托某装饰工程公司对其房屋进行装修过程中,对原告的房屋造成了严重的损害,房屋阳台顶部瓷砖陆续脱落,门厅和卫生间隔墙上方出现漏水,造成屋顶墙皮剥落,卫生间暖气管部分损坏等等。这些物品在损坏过程中,不断造成巨大声响。2008年3月24日,原告73岁的母亲受到噪声惊吓突然死亡,其生前患有糖尿病,并伴有冠心病等并发症,原告认为其母亲的死亡原因是楼上装修噪声过大并受到惊吓而引发冠心病复发。

故原告要求孙某与装修公司共同承担其母死亡的50%的责任,并赔偿精神损害抚慰金7万余元,同时对于原告房屋损坏承担恢复原状的责任等。

上述这起案例涉及相邻关系的处理问题。凡是小区业主之间牵涉到邻里关系,最好双方靠协调解决。另外小区业主也应该加强自律,进行换位思考,多替对方想一想,共同创建小区的安静环境。本案中,楼上业主装修发出的过大噪声影响了楼下邻居,就是侵害了当事人的相邻权。相邻权就像盖房不能侵犯邻居采光权一样。如果侵害的后果已无法挽回,原告即可与楼上业主协商,也可以通过到法院起诉的途径争取自己的权益。一方面可以要求对方停止施工，另外也可以要求对方给予一定的经济补偿。因为被告的施工行为是造成原告母亲死亡的诱因之一，侵害了原告母亲的生命权和健康权，为此被告方应承担相应的赔偿责任，对原告给予部分经济补偿。

根据《中华人民共和国民法通则》以及《中华人民共和国物权法》对相邻权的相关规定，如果产生的声音干扰到他人，致使他人的工作和生活受到干扰，给其正常的生活造成极大不便，甚至对身体健康造成不利影响或伤害，就构成了侵权。一旦侵权后果严重，双方首先应积极协商解决；如果协商不成，可通过法律途径解决。

装修队违反合同施工 应该按合同给予赔偿

房屋装修中,由于装修公司没有通知房主到场验收装潢材料及工程,因此被房主告上法庭,要求解除合同及支付逾期竣工违约金并赔偿经济损失。房主的要求合法吗?

事情发生在2007年9月,某装修公司与房主赵先生签订了《房屋装修合同》,约定由本公司以全包方式承接赵先生在上海市三门路一套房屋的装修工程,总价款5万元;如果因装修公司原因造成工程逾期交付的,每逾期一天赔偿50元。合同签订后,装修公司进场施工,赵先生支付工程款4万元。在施工过程中,装修公司因未通知房主验收购买的装潢材料和工程质量双方产生矛盾。为此,装修公司擅自撤离施工现场,新房空置数月。

原告赵先生在诉讼时称,经有关部门对装修工程进行检验后确认,此房屋装修有多处存在质量问题。为了减少损失,自己于2008年4月又另请了一家装修公司对房屋重新返修。由于被告逾期竣工,导致自己以每月3000元的价格在外租房居住。为此,赵先生希望法院计算租金损失时,考虑其另行装修所需的合理期限,将租金损失截止日期计算至2008年5月。并且提出证据证明其在外租房居住,该损失理应由被告赔偿,至于赔偿的标准,希望法院根据本案案情并结合市场行情予以酌定。

上海市闸北区人民法院对此案作出判决,支持了房主赵先生的诉讼请求,装修公司被判赔偿逾期竣工违约金6700元、返还多收款6000余元,并赔偿房主额外的经济损失。

根据我国《合同法》第108条之规定:"当事人一方明确表示或者以自己的行为表明不履行合同义务的,对方可以在合同履行期限届满之前要求其承担违约责任。"被告装修公司在其为赵先生房屋施工的过程中，未严格按照当初所签订的《房屋装修合同》约定履行合同义务，且在工程未完工的情况下擅自退场，因而造成逾期竣工及涉案房屋长期空置，原告赵先生据此要求解除合同，并要求被告给付逾期竣工违约金并无不当。另外，对于房主在对房屋重新装修过程中需要返修的工程，装修公司也应承担返修或支付部分返修费用的责任。

　　日常生活中，因为装修房屋导致民事诉讼的案件会随着人民生活水平的提高而越来越多。当事人能够运用法律武器来保护自己的权益不受侵犯是最明智的选择。本案中被告装饰公司就是因为未能履行合同约定，才被房主告上法庭。

业主享受的共有产权
不能被他人恶意侵占

2009年1月的一天，家住北京浪沁佳苑小区的一名业主上网浏览网页时，无意中看到了这样一则拍卖公告："受广东省佛山市中级人民法院委托，佛山市国锤拍卖有限公司与北京科技园拍卖招标有限公司，将定于1月13日对北京市浪沁佳苑小区地下车库部分汽车位（700个）和小区会所的产权进行拍卖……"

"小区会所和地下车库是我们业主共有财产，在我们不知情的情况下怎么就要被卖掉呢？"得知这一情况后，业主们迅速成立了诉讼小组，并聘请律师向佛山市中级法院发函，提出"执行异议"，原定于1月13日的拍卖没有举行。2月11日，广东佛山法院驳回了由浪沁佳苑小区诉讼小组提出的执行异议，理由是开发商提供了小区会所和地下车位的产权证。

浪沁佳苑小区是位于北京市西二环至西三环之间的一个商品住宅小区。现共有业主2400多户。将被拍卖的小区会所位于小区2号楼与3号楼间，建筑面积5006.48平方米，内有美容美发室、棋牌室、健身房、游泳池等；小区地下车库共约有1100个车位，涉及拍卖的700个车位分别位于地下车库的一层和二层，目前均在使用中。

浪沁佳苑的业主代表对小区全体业主的购房合同进行调查统计后发现：关于会所，小区业主购房合同中未有约定的是2400户；关于地下车位，小区业主购房合同中未有约定的有700余户。根据《北京市城市房地产转让管理办法》第13条规定，房地产转让时，相应的共用部位、共用设备的权利份额一并转让；按照国家和本市规定可以单独转让的地下停车库等附属建筑物、构筑物不随同转让的，应当在房地产转让合同中载明；没有载明的，视为一并转让。这足以证明，所有业主拥有小区会所的共有权，部分业主拥有地下车位的共有权。

《物权法》第70条规定，业主对建筑物内的住宅、经营性用房等专有部分享有所有权，对专有部分以外的共有部分享有共有和共同管理的权利。可目前由于业主大会没有法人身份，共有产权无法过户到全体业主名下。而开发商是法人单位，他们就会想尽办法把属于业主共有财产的收益据为己有，甚至转卖掉。因此，只有尽快确认业主大会法人身份，才能从根本上解决业主共有产权纠纷问题。

那么，开发商凭什么可以随意抵押小区业主的共有产权呢？其根本原因就是业主大会对共有财产一直无法实现权属登记。而开发商则依靠手里原有的大产权证，把属于业主的共有产权堂而皇之地据为己有。这就是此次浪沁佳苑业主与开发商纠纷的本质。

当业主在遇到共有产权纠纷时，最好尽快召开业主大会，而政府相关部门的责任是按照有关规定："负责对辖区内业主大会、业主委员会的成立及活动进行协助、指导和监督，协调处理纠纷。"业委会成立后出面代表广大业主与开发商协商，以便确认属于广大业主自己的"共有产权"，维护广大业主的合法权益。

污水井盖丢失致人残
管理者承担损害责任

如今，城市内大街小巷的地井井盖普遍采用铸铁材料。由于其具有回收利用价值，便成为某些偷窃者猎取的目标。从井盖被偷盗到发现及补装有一个过程，被盗后还未补装上盖的敞口井就成为"马路陷阱"，因此造成人身损害、财产损失的案件时有发生。不久前的一个傍晚，家住北京昌平区的陆先生下班回家，骑车快到家门口时，不小心跌进路边一处没有井盖的污水井中，造成7级残疾。出现这样的事故后，到底应由谁承担对陆先生的损害赔偿责任呢？

陆先生及其家人想起诉本小区物业公司，因为事故地点就在小区大门口外十几米的地方，而且是小区保安眼见自己掉进无盖的污水井。但律师认为，该污水井位于小区之外，于是陆先生及家人在律师的指导下，首先将北京市政管委、市路政局昌平公路分局等5家单位起诉至北京市昌平区人民法院，要求5家单位承担连带赔偿责任。人民法院经审理此案时认为，根据《北京市市容环境卫生条例》要求，井盖出现损坏、丢失、移位的，所有权人或者维护管理单位应当立即采取设置警示标志、护栏等临时防护措施并及时维修、更换。由于维护管理不善或未尽到法定义务而造成人身损害事故发生的，井盖所有权人或约定的维护管理单位应依法承担相应的民事责任。陆先生跌入的无盖井所在公路属北京市昌平区辖区，该公路及相关配套设施的安全管理由昌平公路分局负责，故该井应由昌平公路分局负责维护管理。由此引发的井盖丢失给陆先生造成的损伤后果，应由昌平公路分局承担。对陆先生起诉要求北京市市政管委、市路政局、市市政工程管理处、昌平区市政管委承担赔偿责任，没有事实及法律依据，法院不予支持。

　　行人不慎掉入"陷阱",应当区别井盖的行政管理责任和民事管理责任,再根据法律、规章的规定采取正确的方式、寻找正确的途径去维护当事人的合法权益。如在无盖的下水井、施工留下的大坑等"危险地带"受到伤害,该由产权单位、施工方等负有管理责任的部门或单位承担主要责任。根据《民法通则》第125条之规定:在公共场所、道旁或者通道上挖坑、修缮安装地下设施等,没有设置明显标志和采取安全措施造成他人损害的,施工人应当承担民事责任。如果当事人不清楚井盖的所有人和维护管理人时,可以向政府行政管理部门进行查询。现在时有所闻的道路或路旁井盖丢失后维护不及时或其产权单位不清的事件,暴露的是地方政府行政主管部门对城市管理的缺位。随着政府有关部门执政能力的增强和管理职责的明确,应该相信所有人都不会再遇到"陷阱"而受其伤害。

大树被风刮倒砸伤人
树木管理人承担责任

郑州市某住宅小区附近,不久前发生一起树倒伤人事件。在一阵大风中,一棵大树被突然连根拔起斜着倒向了该小区旁边的便道,刚巧住在这座小区的业主颜女士此时正急匆匆路过此处,不料被这棵树砸中后背。经诊断颜女士胸部多处骨折,下半身没有知觉。最后经鉴定,颜女士胸部以下高位截瘫属二级伤残,在十级伤残等级中是第二严重的,这就意味着年轻的她再也不可能重返工作岗位,今后的正常生活也将受到严重影响。

造成颜女士受伤的原因是一棵树,那么当这棵树把行人砸伤之后,应该由谁来承担责任呢?长得好好的一棵树是怎么突然倒的呢?

据当地绿化工程管理处负责人说,造成树砸伤行人的原因是因为洛阳市当天刮起了强风,而且当天在市区内被风刮倒的还不只这一棵树。正是因为这样,洛阳市绿化工程管理处认为遇到大风属于不可抗力,所以颜女士被大树砸伤和自己部门没有关系。

那么就本案而言,关键在于这场大风是否可以构成法律上所说的不可抗力呢?按照我国《民法通则》和《合同法》的相关规定,不可抗力有着严格的法律含义,并非所有的刮风下雨或者下雪都是不可抗力。它是指不可预见、不可避免并且不可克服的客观情况。有的时候也包括战争,不可预料的战争突然爆发了;比如说突如其来的地震、海啸、火山爆发等,在通常情况下不可预见、不可避免、不可克服要同时具备。而就本案中所言及的大风而言,就应当根据城市天气预报采取未雨绸缪的相应避险措施,因为大风是可以预见的,实际上也就可以去避免它、去克服它、去控制它。

如果本案当中的绿化管理机构，不能够用举证来证明自己已经事先尽到了相关的风险防范措施，并对这棵大树采取了特别的加固措施，避免损害的发生。按照《民法通则》第126条之规定，以及按照最高人民法院《关于审理人身损害赔偿案件适用法律若干问题的解释》第16条之规定："树木倾倒、折断或者果实坠落致人损害的"，由其所有人或者管理人承担赔偿责任，但能够证明自己没有过错的除外。这就是说，当地的绿化管理部门要承担相应的赔偿责任。

法院审理后作出判决，法院认定大树伤人属郑州市绿化工程管理部门管理不善，负80%的责任，作为成年人的颜女士没有尽到注意义务，负20%责任。

对树木的管理是相应的管理人应该承担的法律责任，事先做好风险防范措施，防患于未然，才能避免人民财产受到伤害和承担管理不善的法律责任。

广告牌坠落砸伤路人
所有者承担赔偿责任

从公益广告到商业广告,花样繁多的户外广告牌给了我们不一样的视觉冲击。同时,一些不符合安全标准的广告牌,尤其是户外广告牌还隐藏着不安全因素,一遇风吹草动,就会给人们造成灾难。北京市某住宅小区的一层底商是一家花店,不久前,该花店负责人在自家店房檐上竖立的一块大型广告牌突然坠落,当场砸伤在该小区住的一对母女。事发后,该市城管部门调查后认为,安装广告牌的铁框架严重锈蚀是导致这一起事件的主要原因,花店应该承担相应的法律责任,给伤者赔付医药费和相关的经济及财产损失。

有些单位制作的户外广告牌非人为因素被风刮倒,造成了人员被砸伤或死亡,这是任何人都不愿意看到的灾害,但相关人的法律责任是不容回避的。户外广告的经营者、所有权人、制作人、安装者应对广告牌的牢固和安全负全部责任,要依法承担相应的法律责任。依据北京市市政管委有关规定,凡预报6级以上大风时,各区户外广告管理部门要有专人上路巡视检查,户外广告设置单位须派专人实施监控,发现安全隐患,要及时采取果断措施,无法修复的要坚决及时地拆除。如发生户外广告牌倒塌或伤人事故,要及时报告市政管委并采取措施果断处置。

2004年6月22日北京市人民政府第27次常务会议通过,自2004年10月1日起施行的《北京市户外广告设置管理办法》第15条明确规定,户外广告设施的经营者是户外广告设施维护、管理的责任人,应当定期巡视、维护,保持户外广告设施的安全、整洁、美观。户外广告设施存在安全隐患或者出现破损、污迹和严重褪色的,应当及时维修、更新。对户外广告设施存在安全隐患可能危及人身、财产安全的,市政管理行政主管部门应当责令管理责任人立即排除安全隐患,不能立即排除隐患的,应当责令限期排除,并督促、落实安全隐患的排除工作。在限期排除期间,管理责任人应当在安全隐患现场的明显位置设置警示标志,必要时还应当派人值守,防止发生事故。

户外广告,尤其是安装在住宅区附近的房顶或楼顶的广告牌,本身就处在"十分危险"的位置,有严格的制作标准和施工要求,以及验收和"巡视"制度。那么,从天上掉下来的广告牌是否都达到了标准?经过了验收?那些没掉下来的广告牌是否就符合安全标准?其实制作一块合乎安全标准的广告牌并不难,只是很多广告商为了眼前的小利益常常将安全意识抛之脑后,有些广告牌粗制滥造,质量低劣。根据我国《民法通则》第126条之规定,建筑物或其他设施发生倒塌、脱落、坠落造成他人损害的,它的所有人或管理人应当承担民事责任。该法第119条还规定,侵害公民身体造成伤害的,应当赔偿医疗费、误工费等。有关部门应经常对商业区、住宅区的户外广告牌加强安全检查,一旦发现安全隐患,立即责令整改。目前北京、上海等城市均已出台"拆除楼顶广告"的相关规定,这大大地减少了广告牌砸人事件的发生。此外,建筑物或其他设施上的悬挂物脱落或坠落,造成他人损害,悬挂物的所有者应当承担民事侵权责任,被侵害人可以向其提出赔偿要求,或向人民法院提起诉讼,主张自己的合法权益。

装修房屋易造成污染
以人为本理念莫忽视

我去参观一位朋友正在装修的新房,一进屋子就被屋中弥漫着的乌烟瘴气熏得头昏脑涨、眼泪直流,这是由于装饰装修材料中的甲醛、苯等有毒物质严重超标所致。那几位正在装修的农民工却全然不顾地继续干着手中的活。我和我的朋友为这些农民工担心,他们在如此恶劣的条件下工作,挣钱是以牺牲自己的健康为代价。他们可能不知道,职业病正悄悄地降临到他们头上。

由此我想到,每一个患有职业病的农民工背后都会有一个辛酸的故事。在紧张的流水线上接触粉尘等有毒、有害物质,或迫于生存压力忍受恶劣的工作环境,或身体日渐受损而不自知。据了解,目前在有毒有害岗位工作的农民工职业病发病率有上升趋势,尤其是从事建筑及装饰装修行业的农民工,特别是女性农民工和未成年人在有毒有害的环境中工作,其身体受到的伤害则更大。由国务院卫生行政部门会同劳动保障行政管理部门规定的职业病有尘肺、职业性放射性疾病、职业中毒等10类115种疾病。根据《中华人民共和国职业病防治法》及《职业病诊断与鉴定管理办法》等有关规定,作出职业病诊断,需要有病人的职业病危害接触史和现场危害调查与评价等。

然而,目前依照《职业病防治法》,进行建设项目职业病危害与评价的企业寥寥无几。一些地方部门竞相降低招商引资门槛,使一些未经职业卫生审查的建设项目违法立项建设。一些国家明令禁止或淘汰的落后工艺、技术和建筑装饰装修材料比比皆是。不少企业随意取消和削减配套防护设施预算,因此留下职业病危害隐患。尽管法律对违反规定的企业最高罚款可达50万元,但违法成本还是远远低于守法成本。由此也造成一些不法企业主敢于违法而不顾职业病对农民工的危害。

　　按照我国《职业病防治法》第32条之规定，对从事接触职业病危害作业的劳动者，用人单位应当组织工人在上岗前、在岗期间和离岗时的职业健康检查，并将检查结果如实告知劳动者。职业健康检查费用由用人单位承担。该法第49条还规定，医疗卫生机构发现疑似职业病病人时，应当告知劳动者本人并及时通知用人单位。用人单位应当及时安排对疑似职业病病人进行诊断，在疑似职业病病人诊断或者医学观察期间，不得解除或者终止与其订立的劳动合同。

　　中华全国总工会针对农民工健康问题近日召开新闻发布会，宣布将大力推进工资支付保障、安全生产监督、用工诚信评价等10项工作。对从事有毒有害岗位的农民工，工会要监督企业定期对他们体检。以后，凡从事有毒有害岗位的农民工，政府必须要监督用人单位定期对他们进行体检。农民工如果怀疑所得的疾病为职业病，应当及时到当地卫生部门批准的职业病诊断机构进行职业病诊断。对诊断结论有异议的，可以在30日内到市级卫生行政部门申请职业病诊断鉴定，鉴定后仍有异议的，可以在15日内到省级卫生行政部门申请再鉴定，职业病诊断和鉴定按照《职业病诊断与鉴定管理办法》执行。被诊断为职业病的，应到当地劳动保障部门申请伤残等级，并与所在单位联系，依法享有职业病治疗、康复以及赔偿等待遇。用人单位不履行赔偿义务的，劳动者可以到当地劳动保障部门投诉，也可以向人民法院起诉。人民法院应依据相关法律法规维护农民工的合法权益，对不法企业给予警告、罚款、停业整顿等处罚。

未结婚发生房产纠纷
否定赠与行为需证据

2008年12月,谭先生拿出自己工作几年来的积蓄以及家人拼凑的30万元,准备在北京郊区购买一套商品房,为和女友王小姐结婚构筑"爱巢"。2009年5月3日,谭先生和王小姐共同到房产登记部门办理了相关商品房产权登记手续,并将户主登记为女友王小姐的名字。

2009年11月,王小姐与谭先生因感情不和而提出分手,他们此时并未结婚。由此,双方对房屋所有权的归属产生了纠纷。谭先生认为,购房款均是自己出资,为了能和王小姐结婚才将房产证户主登记为王小姐,故房屋应该是自己的婚前个人财产。而王小姐认为,谭先生的行为构成了对房屋的赠与,同时房屋的登记户主是自己,依据《物权法》的不动产公示公信的有关规定,自己应该是房屋的唯一所有权人,谭先生不再享有任何权益。

房屋属于不动产,依照我国《物权法》第6条之规定:"不动产物权的设立、变更、转让和消灭,应当依照法律规定登记"。但不动产登记的公信力只发生在不动产交易中,未进入交易程序的不动产,其登记并不发生有无公信力的问题。根据我国《合同法》第190条之规定,赠与附义务的,受赠人应当按照约定履行义务。在附条件赠与合同的情况下,只有满足所附条件,赠与合同才正式生效。

本案中,谭先生在房屋登记过程中并没有明确表示登记王小姐的名字就是将房屋赠送给王小姐,同时也没有明确表明在房屋产权手续上之所以登记王小姐名字是需要以结婚为条件。但是,赠与的构成要件,可以推定在具有个人使用性质的财物交付给对方占有或按照法律要求登记在对方名下的构成赠与;其次,依据常理可以推断出谭先生筹资购房并登记王小姐名字的行为应该是以双方结婚为条件。因此谭先生和王小姐实际并没有进行婚姻登记，所以应认定该赠与不生效，谭先生可以申请法院变更登记。

另外，引起本案纠纷的关键就是关于此房产权登记手续上是王小姐的名字。从谭先生讲述的情况来看，认定该赠与不生效不存在任何问题。但结合实践，动产被一方占有或是不动产被登记在一方名下，占有人或被登记人就有了举证上的优势，除非对方能举出相反证据，以证明当初登记某一方的名字并不是赠与，否则就应该推定该赠与生效，被登记人就是所有权人。所以，谭先生应该提出诸如附结婚而为赠与和证明自己出资购房的情况下，才可以推翻王小姐的主张，请求法院撤销该登记，维护自己的财产权益。

妻子卖房未告知丈夫
有效合同受法律保护

刘女士与丈夫高先生在2007年贷款在北京丰台区买了套商品房,并将该房屋登记在刘女士一人名下。2009年6月份,刘女士将该房屋卖给了贾女士。双方很快顺利地办理完了房屋过户手续。不料高先生得知后一纸诉状将妻子刘女士及贾女士告上法院,请求法院判决房屋买卖合同无效。

高先生称,这套房的贷款是由他和妻子刘女士共同偿还。但妻子擅自出售夫妻共同财产,他认为这样做是侵犯了自己的合法权益。刘女士在答辩中称,她卖房的时候认为《房屋产权证》上只有她自己的名字,因此她觉得自己可以卖房。

作为本案第二被告的贾女士则认为,刘女士与她签订《房屋买卖合同》时,既没有说明她和高先生是夫妻关系,也没有说明该房是她和高先生的共同财产,而且《房屋产权证》上面清楚地写着产权人是刘女士。中介公司可以对这些情况作证。因此自己有理由认为刘女士是房屋的唯一权利人,自己与刘女士签订的《房屋买卖合同》合法有效。而且自己也支付了全部房款,并对房屋进行了装修,刘女士也协助自己办完了过户手续,所以坚决不同意高先生的诉讼请求。

法院审理后认为,因该房屋的所有权证书登记的所有权人为刘女士一人,基于不动产的公示、公信原则,贾女士有理由相信刘女士是该房屋的完全权利人。贾女士与刘女士签订的《房屋买卖合同》是双方的真实意思表示,应为有效合同。据此驳回了高先生的诉讼请求。

当前,因夫妻一方处置夫妻共同财产等问题所引发的诉讼出现逐年上升的趋势。这从一方面说明,目前我国房屋产权登记存在漏洞。如登记机关在对属于夫妻共同财产的房屋进行产权登记时，并不要求登记人出示是否单身，是否有配偶等相关证明，证明所登记房屋属于夫妻共同财产还是属于个人财产，即便知道所登记房产属夫妻共同财产，产权证上也只登记夫妻其中一方的名字，这无疑就埋下了隐患。杜绝这一隐患的妥善办法应该是房产部门对夫妻共同财产房屋登记时，在产权证上体现出该房为夫妻共同财产，即所有权人登记为夫妻两个人的名字，这样就能避免夫妻一方擅自处置共同财产。这种做法的基础是人们法律意识的增强和思想观念的提升。

　　贾女士在本案中作为购房者，其合法权益必须受法律保护。按照我国《物权法》第106条之规定："无处分权人将不动产或者动产转让给受让人的，所有权人有权追回；除法律另有规定外，符合下列情形的，受让人取得该不动产或者动产的所有权：（一）受让人受让该不动产或者动产时是善意的；（二）以合理的价格转让；（三）转让的不动产或者动产依照法律规定应当登记的已经登记，不需要登记的已经交付给受让人。受让人依照前款规定取得不动产或者动产的所有权，原所有权人有权向无处分权人请求赔偿损失。"也就是说，不知情的贾女士从刘女士处购得房屋，且贾女士支付了合理的买房费用并办理了过户登记手续，已经具备不动产转移的要件，即贾女士已经实际取得了该房屋的所有权，高先生无权要求贾女士返还房屋。如果高先生认为妻子——刘女士侵犯了自己的权利，这仅属于高先生与刘女士之间的诉讼，与贾女士合法取得该房所有权无关。

口头约定不代表合同
买楼房不表示送露台

范先生是某住宅小区顶层的业主,在他屋顶有一个100多平方米的公共露天平台,但他的邻居,隔壁的业主曲女士则将楼顶独占成为"私人花园",不仅修建了养鱼池还搭建了假山,并且擅自将从公共楼道通往平台的通道砌砖封闭,以独享更大空间。

范先生多次与曲女士交涉无果后,决定起诉到人民法院,希望曲女士把楼顶平台和走廊恢复原状。范先生认为,露台属于小区全体业主共有,曲女士无权占为己有。请求法院判令曲女士将平台恢复原状。

对于范先生这一指责,曲女士称,她对露台有合法的使用权。这是因为她与开发商曾有约定,开发商同意将楼顶使用权归自己专有。曲女士还表示,根据开发商对公用面积的界定,其中并不包含楼顶平台。因此她在平台上种养花草、修筑鱼池属"合理使用"。这是一种"买房送楼顶平台"的普遍现象,是一些开发商惯用的手法,这种行为是否有效呢?

首先,虽然曲女士称,开发商将露台约定给她"专有"使用,但曲女士未能举证,因此该露台属于建筑物共用部分。其次,曲女士占有的公共走廊属小区共有部分,则无可争议地是公用面积,是属于小区全体业主的,因此必须恢复原状。

另外,曲女士是小区业主,也同样具有和其他业主相等的权利。但是这种对楼顶平台的使用权不具有排他性,不能妨碍其他业主的正常使用。因此,曲女士独占露台的行为明显侵犯了包括范先生在内的其他业主的合法权益。

根据《物权法》第72条之规定:"业主对建筑物专有部分以外的共有部分,享有权利,承担义务;不得以放弃权利不履行义务。"避免这种纠纷的最好办法是,购房者在购房时要多留意。一定要求开发商将赠送部分在购房合同中注明,或通过补充协议约定。比如赠送楼顶阳台80平方米,合同中必须注明该房的建筑面积是"房面积+花园面积",并注意开发商对赠送部分是否具有产权。如果开发商不能在合同中明确说明赠送范围,那么业主就要三思而后行了。另外,在合同中还可约定违约责任,若赠送部分不能办理产权或有产权纠纷,可通过降低单价、解除合同等方式处理。

在生活中,我们经常看到,平台花园或楼顶天台的使用是五花八门的,一般用来种些花花草草,搭些花棚,确实也可以美化景观。然而有些大的花园甚至被做成半个篮球场,有些甚至在楼顶种菜、安装太阳能、阳光房等,这些都有可能会影响到其他业主。在这种情况下,最好的办法还是先征得其他业主的同意,并且在使用时最好不要影响其他业主的日常生活,不要破坏建筑物的安全性,否则容易引来纠纷。购房者注意,对于"买顶楼送露台"的好事,需要审慎行事,应该先查清楚商品房规划时是否明确将露台的所有权和使用权附随商品房划归部分业主专有使用,以及在房屋买卖合同中,是否注明露台的产权问题。否则,开发商在没有特别规划露台的所有权和使用权的情况下,私自将露台送给业主是无效的行为。

法院在审理本案中发现,曲女士的《房屋产权证》载明,该走廊为小区业主公用部分,而且在产权证上并未包括其对楼顶平台的所有权。曲女士承认开发商对自己讲的"买楼房送露台"只是口头约定。在庭审中,开发商并不承认与曲女士曾有过这种约定。于是,法院判决曲女士停止占用楼顶平台及公用走廊,并恢复原状。

购房与入学是两码事
不属要约法律不支持

开发商卖楼时，打出"购房可就近入读重点小学"的广告。业主们入住后才发现，孩子读重点小学的事并非售楼广告说的那样简单。

两年前，李女士看到一则售楼广告，其中以醒目的字体写着："购房可就近入读重点小学"，她和丈夫考虑到孩子即将入小学，就前往该楼盘选购房产并与开发商签订了购房合同。入住后，李女士带着孩子到售楼广告承诺可以入读的小学报名，但却被该小学负责人以招生已满为由拒绝。为此，李女士将房地产开发商告上法院，要求其履行广告承诺。

购房者在选购房产时，周边的教育资源已成为购房者考虑的首要因素之一，而开发商也往往抓住购房者的这一心态大打"名校牌"。于是"购房可读名校"的承诺常见于各种销售广告及售楼小姐的口头承诺之中。那么广告中的承诺是否具有法律效力呢？

最高人民法院《关于审理商品房买卖合同纠纷案件适用法律若干问题的解释》第3条规定："商品房的销售广告和宣传资料为要约邀请，但是出卖人就商品房开发规划范围内的房屋及相关设施所作的说明和允诺具体确定，并对商品房买卖合同的订立以及房屋价格的确定有重大影响的，应当视为要约。该说明和允诺即使未载入商品房买卖合同，亦应当视为合同内容，当事人违反的，应当承担违约责任。"从该法条的内容分析，开发商的广告如果要构成合同的内容必须要满足以下条件：第一，该广告承诺的内容是关于"商品房开发规划范围内的房屋及相关设施"；第二，该广告承诺的内容具体确定；第三，该广告承诺对商品房买卖合同的订立以及房屋价格的确定有重大影响。在前述案情中，虽然开发商"购房可就近入读重点小学"的承诺具体明确,而且对房产价格的确定肯定是有影响的,但是由于此"重点小学"并不属于开发商设计规划范围内的学校,不符合前述法条适用的第一个条件,因此,并不能认定该广告承诺属于合同的内容,也就不能要求开发商承担违约责任。

　　法院审理后认为,根据最高人民法院《关于审理商品房买卖合同纠纷案件适用法律若干问题的解释》中规定"出卖人就商品房开发规划范围内的房屋及相关设施所作的说明和允诺具体确定,对商品房买卖合同的订立及房屋价格的确定有重大影响的,应当视为要约",但在本案中,该重点小学并不属于开发商设计规划范围内的学校,因此该广告不能视为合同要约,故对业主的诉讼请求不予支持。但如果开发商就商品房开发规划范围内的房屋及相关设施所作的说明和允诺具体确定,并对商品房买卖合同的订立以及房屋价格的确定有重大影响的,应当视为要约。即使此允诺未载入《商品房买卖合同》,亦应当视为合同内容,如有违反,应当承担违约责任。

离婚时凸显房屋权属
难点问题需具体分析

在近些年的离婚案中，围绕婚房产生的法律纠纷也接踵而至。北京市东城区人民法院为此举办了一场以"新形势下婚姻家庭纠纷"为主题的座谈会，大家共同对"离婚时房屋权属"问题进行了深入探讨，与会的学者、专家各抒己见。

近年来，婚姻纠纷案件数量不断增加。北京市东城区人民法院民一庭庭长全玉海向大家介绍，这主要表现在，2007年收案926件，2008年收案1026件，2009年收案1064件。这些离婚纠纷案件的当事人年龄呈年轻化趋势，离婚时他们居住房屋的权属问题成为婚姻家庭纠纷中争论最大难题之一。

在当前的这类案件中，争执焦点已经从原来的离与不离演变为现在的不动产或投资类的财产争议。而在房价不断上涨的今天，离婚时房屋权属纠纷案尤其突出。

全玉海庭长介绍说，近年来婚姻家庭纠纷中争论最大的是房子到底属于共同财产还是个人财产，这也包括该房产是否是其中一方家长的财产。

最高人民法院吴晓芳法官说："如果以其个人财产名义全款购置的并登记在自己名下的房产，当然算个人财产。"另外，她表示，如果是婚后夫妻共同偿还贷款，那么贷款部分应该要认定为共同财产。同时，如果房产升值还应该考虑给对方适当的补偿。

婚前买房，婚后才取得房产证，这种情况是属于共同财产还是个人财产？中国人民大学法学院常务副院长、博导龙翼飞教授认为，如果只凭借他们领取房产证的时间是在婚后这一条件，从而认为该房属婚后财产，就不一定符合事实，我们还要看他们婚后取得房产证是什么原因造成的，是个人不去申请还是房管部门不作为，或是其他什么原因。北京市东城区人民法院杨继良法官表示，现在很多年轻人买房都依靠父母出资，如果是这种情况，即便是婚后取得房产证，还应认定是婚前的个人财产。"因为房子是婚前购买的，购房合同也是婚前签订的，这是一个债权，当合同成立以后，债权转变成物权。"

从中国人传统来看，很多人结婚的前提条件就是要有房子，这就必然造成由房屋引发相应纠纷日益增多。比如夫妻共同还贷的问题，包括离婚时贷款怎么处置，房子升值或贬值又如何处理等。

据悉，目前最高人民法院已经开始就"婚姻法司法解释"进行调研论证。它将对婚姻家庭纠纷争议中出现的难点（包括房屋权属）问题作出更细化的规定。

无产权证之自建房屋
如果租用应付使用费

郭女士租用了孙先生的自建房。孙先生自知自己建的这间房子属于违章建筑,因此他便在房租上给予了郭女士一定的优惠。然而,郭女士却一直拒付拖欠孙先生的房租直至搬走。郭女士称,孙先生出租的自建房是违章建筑,两人签订的《房屋租赁合同》不合法,因此自己不应付房租。

近年来,房屋租赁合同纠纷日益增多,尤其是一些违章建筑的租赁纠纷,有愈演愈烈的趋势。笔者认为,首先应确认租赁房屋是否属于违章建筑,可以通过房屋登记状况来进行判断。根据我国实施的房地产登记制度,无论是新建还是改建的房产都需向房地产行政管理部门办理登记手续。所以,承租方可以要求出租方出示该租赁房屋的产权凭证,如果房产登记内容及图示并无出租的这间房子,则可以确定这间房子为违章建筑。

与此同时,我们应当区分非法建筑行为和出租行为。建筑行为违法属于行政法规范的范畴,应受到行政法的制裁;出租行为是不同于建筑行为的独立民事行为,其效力不受建筑行为的影响,故租赁物为非法建筑不影响租赁合同的效力。

根据《城市房屋租赁管理办法》第6条规定,未依法取得房屋所有权证的违法建筑不得出租,只有依法登记的房屋权利才受法律保护。由于孙先生的自建房属违章建筑,不能获得任何相关出租资质,因此,双方签订的房屋租赁合同无效。但同时根据《民法》规定的公平原则及最高人民法院《关于审理城镇房屋租赁合同纠纷案件具体应用法律若干问题的解释》第5条规定,"房屋租赁合同无效,当事人请求参照合同约定的租金标准支付房屋占有使用费的,人民法院一般应予支持"。也就是说,尽管房屋租赁合同无效，但郭女士在租房期间实际使用了孙先生的房屋财产，因此，孙先生可以向郭女士收取一定数额的房屋使用费。

　　支付占有房屋期间的使用费，是返还依无效合同取得的财产的一种方式，并不是按照合同履行支付的租金。依照无效合同的处理原则，承租人应返还依无效合同取得的财产，包括占有租赁的房屋和实际占有房屋所获取的占有利益。占有利益为无形财产，承租人只能采用折价补偿的方式，即支付房屋使用费予以返还。

业主应该缴纳物业费
催缴前应先书面通知

日前,南京市一家小区的物业公司以拖欠物业费为由,将小区业主马女士起诉至法院。原来,两年前,该小区推选业主代表张先生和殷先生以小区业主委员会的名义与一家物业公司签订了委托合同,合同约定小区业主委员会将本小区委托于这家物业公司进行物业管理,物业公司提供服务的受益人为本小区的全体业主,委托管理事项为房屋建筑共用部位的维修和管理,共用设施、设备的维修、养护、运行和管理,市政公用设施和附属建筑物、构筑物的维修、养护和管理,附属配套建筑和设施的维修、养护和管理,公共环境卫生,维持公共秩序;委托管理期限为五年。

截至2009年1月,业主马女士的物业管理费均已交付,但2009年2月至2010年1月的物业管理费未付。马女士认为物业公司违反了物业合同的约定和相关法律规定:未对安全防范工作、环境卫生和公共秩序尽到义务;擅自改变公共设施、物业管理用房用途,出租物业共用部位、公益设施进行经营;未对物业综合管理工作尽到义务;且对物业公司提交的缴费通知单和律师函的真实性提出异议,认为缴费通知单和律师函系物业公司单方制作,从未收到过,该证据无法证明其收到物业公司催缴物业管理费书面通知的事实。

本案中,依据最高人民法院《关于审理物业服务纠纷案件具体应用法律若干问题的解释》第6条之规定,经书面催缴,业主无正当理由拒绝缴纳或者在催告的合理期限内仍未缴纳物业费,物业服务企业请求业主支付物业费的,人民法院应予支持。即物业服务企业向业主追索物业费的请求,要想获得法院的支持,其前提包括:一是经书面催缴;二是业主无正当理由拒绝缴纳或者在催告的合理期限内仍未缴纳。同时，物业服务公司还必须有证据证明，已经将该书面通知送达给了业主，而业主无正当理由拖延。

此条规定，主要是考虑到业主欠缴物业费的具体情况，业主欠交的原因具有多元性，可能是由于日常事务繁忙而忘记或耽误，也可能是对小区物业公司提供的服务或收费标准不满。通过物业公司的书面催缴，既可以提醒忘记交费的业主，也可以为业主和物业服务企业提供一次沟通机会，符合法律的效率价值。为了方便业主查收和物业公司举证，这种催缴必须是书面的，口头的催缴无效。至于具体的书面形式，既可以是当面送达，也可以是发送传真，也可以是书面公告，以及电子邮件和短信等可以有形表现催缴内容的形式。书面催缴后出现以下两种情形的，物业公司可以向法院起诉：业主无正当理由拒绝缴纳，此时无需等待一定期间的经过，但是物业公司应对业主的拒绝行为承担举证责任；在催告的合理期限内业主仍未缴纳。

法院经审理认为，小区物业公司因无证据证明其已向业主们书面通知催缴物业管理费的事实，而被依法驳回其诉讼请求。

值得注意的是，书面催缴是物业服务企业起诉欠费业主的前提，物业服务企业必须经书面催缴方可起诉欠费的业主。本案中，该小区物业公司的现有证据并无法证明马女士收到催缴物业管理费书面通知的事实，故应当认定物业公司在向法院起诉前没有书面催促马女士缴纳物业管理费。

本书参考的部分法律法规

1.《中华人民共和国合同法》

中华人民共和国主席令第 15 号,《中华人民共和国合同法》由中华人民共和国第九届全国人民代表大会第二次会议于 1999 年 3 月 15 日通过,自 1999 年 10 月 1 日起施行。

2.《中华人民共和国物权法》

中华人民共和国主席令第 62 号,《中华人民共和国物权法》由中华人民共和国第十届全国人民代表大会第五次会议于 2007 年 3 月 16 日通过,自 2007 年 10 月 1 日起施行。

3.《中华人民共和国民法通则》

中华人民共和国主席令第 37 号,《中华人民共和国民法通则》已由中华人民共和国第六届全国人民代表大会第四次会议于 1986 年 4 月 12 日通过,自 1987 年 1 月 1 日起施行。

4.《全国人民代表大会常务委员会关于修改〈中华人民共和国城市房地产管理法〉的决定》

中华人民共和国主席令第 72 号,《全国人民代表大会常务委员会关于修改〈中华人民共和国城市房地产管理法〉的决定》已由中华人民共和国第十届全国人民代表大会常务委员会第二十九次会议于 2007 年 8 月 30 日通过并公布,自公布之日起施行。

5.《中华人民共和国城乡规划法》

中华人民共和国主席令第 74 号,《中华人民共和国城乡规划法》由中华人民共和国第十届全国人民代表大会常务委员会第三十次会议于 2007 年 10 月 28 日通过,自 2008 年 1 月 1 日起施行。

6. 《中华人民共和国建筑法》

中华人民共和国主席令第 91 号公布,《中华人民共和国建筑法》由第八届全国人民代表大会常务委员会第二十八次会议 1997 年 11 月 1 日通过,自 1998 年 3 月 1 日起施行。

7. 《中华人民共和国劳动合同法》

中华人民共和国主席令第 65 号,《中华人民共和国劳动合同法》由中华人民共和国第十届全国人民代表大会常务委员会第二十八次会议于 2007 年 6 月 29 日通过,自 2008 年 1 月 1 日起施行。

8. 《中华人民共和国担保法》

中华人民共和国主席令第 50 号,《中华人民共和国担保法》由第八届全国人民代表大会常务委员会第十四次会议于 1995 年 6 月 30 日通过,1995 年 10 月 1 日起施行。

9. 《中华人民共和国土地管理法》

中华人民共和国主席令第 28 号,《全国人民代表大会常务委员会关于修改〈中华人民共和国土地管理法〉的决定》已由中华人民共和国第十届全国人民代表大会常务委员会第十一次会议于 2004 年 8 月 28 日通过,自公布之日起施行。

10. 《中华人民共和国产品质量法》

中华人民共和国主席令第 33 号,《全国人民代表大会常务委员会关于修改〈中华人民共和国产品质量法〉的决定》由中华人民共和国第九届全国人民代表大会常务委员会第十六次会议于 2000 年 7 月 8 日通过,自 2000 年 9 月 1 日起施行。

11. 《中华人民共和国消费者权益保护法》

中华人民共和国主席令第 11 号,《中华人民共和国消费者权益保护法》由中华人民共和国第八届全国人民代表大会常务委员会第四次会议于 1993 年 10 月 31 日通过，自 1994 年 1 月 1 日起施行。

12.《中华人民共和国职业病防治法》

中华人民共和国主席令第 60 号，《中华人民共和国职业病防治法》由 2001 年 10 月 27 日第九届全国人民代表大会常务委员会第二十四次会议通过，自 2002 年 5 月 1 日起施行。

13.《中华人民共和国刑法》

中华人民共和国主席令第 83 号，《中华人民共和国刑法》由 1979 年 7 月 1 日第五届全国人民代表大会第二次会议通过，1997 年 3 月 14 日第八届全国人民代表大会第五次会议修订，自 1997 年 10 月 1 日起施行。

14.《中华人民共和国刑事诉讼法》

1979 年 7 月 1 日第五届全国人民代表大会第二次会议通过，根据 1996 年 3 月 17 日第八届全国人民代表大会第四次会议《关于修改〈中华人民共和国刑事诉讼法〉的决定》修正。

15.《中华人民共和国道路交通安全法》

中华人民共和国主席令第 8 号，《中华人民共和国道路交通安全法》由中华人民共和国第十届全国人民代表大会常务委员会第五次会议于 2003 年 10 月 28 日通过，自 2004 年 5 月 1 日起施行。

16.《中华人民共和国反不正当竞争法》

中华人民共和国主席令第 10 号，《中华人民共和国反不正当竞争法》已由中华人民共和国第八届全国人民代表大会常务委员会第三次会议于 1993 年 9 月 2 日通过，自 1993 年 12 月 1 日起施行。

17.《中华人民共和国消防法》

中华人民共和国主席令第 6 号，《中华人民共和国消防法》由中华人民共和国第十一届全国人民代表大会常务委员会第五次会议于 2008 年 10 月 28 日修订通过，修订后的《中华人民共和国消防法》自 2009 年 5 月 1 日起施行。

18.《中华人民共和国行政许可法》

中华人民共和国主席令第 7 号，《中华人民共和国行政许可法》由中华人民共和国第十届全国人民代表大会常务委员会第四次会议于 2003 年 8 月 27 日通过，自 2004 年 7 月 1 日起施行。

19.《中华人民共和国环境噪声污染防治法》

中华人民共和国主席令第 77 号，《中华人民共和国环境噪声污染防治法》由中华人民共和国第八届全国人民代表大会常务委员会第二十二次会议于 1996 年 10 月 29 日通过，自 1997 年 3 月 1 日起施行。

20.《中华人民共和国治安管理处罚法》

中华人民共和国主席令第 38 号，《中华人民共和国治安管理处罚法》由中华人民共和国第十届全国人民代表大会常务委员会第十七次会议于 2005 年 8 月 28 日通过，自 2006 年 3 月 1 日起施行。

21.《中华人民共和国职业病防治法》

中华人民共和国主席令第 60 号，《中华人民共和国职业病防治法》由 2001 年 10 月 27 日第九届全国人民代表大会常务委员会第二十四次会议通过。自 2002 年 5 月 1 日起施行。

22.《中华人民共和国水法》

中华人民共和国主席令第 61 号，《中华人民共和国水法》由中华人民共和国第六届全国人民代表大会常务委员会第 24 次会议于 1988 年 1 月 21 日通过，自 1988 年 7 月 1 日起施行。

23.《中华人民共和国公司法》

中华人民共和国主席令第 42 号，《中华人民共和国公司法》

由中华人民共和国第十届全国人民代表大会常务委员会第十八次会议于 2005 年 10 月 27 日修订通过,修订后的《中华人民共和国公司法》自 2006 年 1 月 1 日起施行。

24.《中华人民共和国广告法》

中华人民共和国主席令第 34 号,《中华人民共和国广告法》由中华人民共和国第八届全国人民代表大会常务委员会第十次会议于 1994 年 10 月 27 日通过,自 1995 年 2 月 1 日起施行。

25.《中华人民共和国环境保护法》

中华人民共和国主席令第 22 号,《中华人民共和国环境保护法》由第七届全国人民代表大会常务委员会第十一次会议 1989 年 12 月 26 日通过 1989 年 12 月 26 日公布施行。

26.《中华人民共和国安全生产法》

中华人民共和国主席令第 70 号,《中华人民共和国安全生产法》由第九届全国人民代表大会常务委员会第二十八次会议 2002 年 6 月 29 日通过,自 2002 年 11 月 1 日起施行。

27.《中华人民共和国婚姻法》

中华人民共和国主席令第 51 号,《全国人民代表大会常务委员会关于修改〈中华人民共和国婚姻法〉的决定》由中华人民共和国第九届全国人民代表大会常务委员会第二十一次会议于 2001 年 4 月 28 日通过,自公布之日起施行。

28.《中华人民共和国老年人权益保障法》

中华人民共和国主席令第 73 号,《中华人民共和国老年人权益保障法》由中华人民共和国第八届人民代表大会常务委员会第二十一次会议于 1996 年 29 日通过,自 1996 年 10 月 1 日起施行。

29.《中华人民共和国村民委员会组织法》

中华人民共和国主席令第 9 号,《中华人民共和国村民委员会组织法》由第九届全国人民代表大会常务委员会第五次会议 1998 年 11 月 4 日通过并公布,自公布之日起施行。

30.《中华人民共和国行政处罚法》

中华人民共和国主席令第 63 号公布,《中华人民共和国行政处罚法》由第八届全国人民代表大会第四次会议 1996 年 3 月 17 日通过,自 1996 年 10 月 1 日起施行。

31.《中华人民共和国妇女权益保障法》

中华人民共和国主席令第 40 号,《全国人民代表大会常务委员会关于修改〈中华人民共和国妇女权益保障法〉的决定》由中华人民共和国第十届全国人民代表大会常务委员会第十七次会议于 2005 年 8 月 28 日通过,自 2005 年 12 月 1 日起施行。

32.《中华人民共和国动物防疫法》

中华人民共和国主席令第 71 号,《中华人民共和国动物防疫法》已由中华人民共和国第十届全国人民代表大会常务委员会第二十九次会议于 2007 年 8 月 30 日修订通过,自 2008 年 1 月 1 日起施行。

33.《中华人民共和国民事诉讼法》

中华人民共和国主席令第 75 号,《全国人民代表大会常务委员会关于修改〈中华人民共和国民事诉讼法〉的决定》由中华人民共和国第十届全国人民代表大会常务委员会第三十次会议于 2007 年 10 月 28 日通过,自 2008 年 4 月 1 日起施行。

34.《中华人民共和国保险法》

中华人民共和国主席令第 11 号,《中华人民共和国保险法》由中华人民共和国第十一届全国人民代表大会常务委员会第七次会议于 2009 年 2 月 28 日修订通过，修订后的《中华人民共和国保险法》自 2009 年 10 月 1 日起施行。

35.《全国人民代表大会常务委员会关于修改〈中华人民共和国个人所得税法〉的决定》

中华人民共和国主席令第 85 号，《全国人民代表大会常务委员会关于修改〈中华人民共和国个人所得税法〉的决定》已由中华人民共和国第十届全国人民代表大会常务委员会第三十一次会议于 2007 年 12 月 29 日通过，自 2008 年 3 月 1 日起施行。

注：《中华人民共和国个人所得税法》由 1980 年 9 月 10 日第五届全国人民代表大会第三次会议通过；

根据 1993 年 10 月 31 日第八届全国人民代表大会常务委员会第四次会议《关于修改〈中华人民共和国个人所得税法〉的决定》第一次修正；

根据 1999 年 8 月 30 日第九届全国人民代表大会常务委员会第十一次会议《关于修改〈中华人民共和国个人所得税法〉的决定》第二次修正；

根据 2005 年 10 月 27 日第十届全国人民代表大会常务委员会第十八次会议《关于修改〈中华人民共和国个人所得税法〉的决定》第三次修正；

根据 2007 年 6 月 29 日第十届全国人民代表大会常务委员会第二十八次会议《关于修改〈中华人民共和国个人所得税法〉的决定》第四次修正；

根据 2007 年 12 月 29 日第十届全国人民代表大会常务委员会第三十一次会议《关于修改〈中华人民共和国个人所得税法〉的决定》第五次修正。

36.《中华人民共和国环境影响评价法》

中华人民共和国主席令第 77 号公布，《中华人民共和国环境影响评价法》由第九届全国人民代表大会常务委员会第三十次会议 2002 年 10 月 28 日通过，自 2003 年 9 月 1 日起施行。

37.《中华人民共和国文物保护法》

中华人民共和国主席令第 84 号,《全国人民代表大会常务委员会关于修改〈中华人民共和国文物保护法〉的决定》由中华人民共和国第十届全国人民代表大会常务委员会第三十一次会议于 2007 年 12 月 29 日通过并公布,自公布之日起施行。

38.《中华人民共和国大气污染防治法》

中华人民共和国主席令第 32 号,《中华人民共和国大气污染防治法》已由中华人民共和国第九届全国人民代表大会常务委员会第十五次会议于 2000 年 4 月 29 日修订通过,自 2000 年 9 月 1 日起施行。

39.《中华人民共和国公证法》

中华人民共和国主席令第 39 号,《中华人民共和国公证法》已由中华人民共和国第十届全国人民代表大会常务委会员第十七次会议于 2005 年 8 月 25 日通过,自 2006 年 3 月 1 日起施行。

40.《中华人民共和国侵权责任法》

中华人民共和国主席令第 21 号,《中华人民共和国侵权责任法》已由中华人民共和国第十一届全国人民代表大会常务委员会第十二次会议于 2009 年 12 月 26 日通过,2009 年 12 月 26 日公布,自 2010 年 7 月 1 日起施行。

41.《中华人民共和国工伤保险条例》

中华人民共和国国务院令第 375 号,《中华人民共和国工伤保险条例》于 2003 年 4 月 16 日国务院第 5 次常务会议讨论通过,自 2004 年 1 月 1 日起施行。

42.《深化改革严格土地管理的决定》

中华人民共和国国务院 2004 年 10 月 21 日发布。《深化改革严格土地管理的决定》于 2004 年 10 月 21 日实施。

43.《城市房地产开发经营管理条例》

中华人民共和国国务院令第 248 号,《城市房地产开发经营管理条例》已经 1998 年 7 月 20 日国务院常务会议通过,1998 年 7 月 20 日公布施行。

44.《物业管理条例》

中华人民共和国国务院令第 379 号公布,根据 2007 年 8 月 26 日《国务院关于修改〈物业管理条例〉的决定》修订,本条例自 2003 年 9 月 1 日起施行。

45.《中华人民共和国自然保护区条例》

中华人民共和国国务院令第 167 号,《中华人民共和国自然保护区条例》自 1994 年 12 月 1 日起施行。

46.《风景名胜区条例》

中华人民共和国国务院令第 474 号,《风景名胜区条例》已经 2006 年 9 月 6 日国务院第 149 次常务会议通过,自 2006 年 12 月 1 日起施行。

47.《特种设备安全监察条例》

中华人民共和国国务院令第 549 号,《国务院关于修改〈特种设备安全监察条例〉的决定》已经 2009 年 1 月 14 日国务院第 46 次常务会议通过,自 2009 年 5 月 1 日起施行。

48.《中华人民共和国道路运输条例》

中华人民共和国国务院令第 406 号,《中华人民共和国道路运输条例》已经 2004 年 4 月 14 日国务院第 48 次常务会议通过,自 2004 年 7 月 1 日起施行。

49.《劳动保障监察条例》

中华人民共和国国务院令第 423 号,《劳动保障监察条例》已经 2004 年 10 月 26 日国务院第 68 次常务会议通过，自 2004 年 12 月 1 日起施行。

50.《城市房屋拆迁管理条例》

中华人民共和国国务院令第 305 号，《城市房屋拆迁管理条例》已经 2001 年 6 月 6 日国务院第 40 次常务会议通过，自 2001 年 1 月 1 日起施行。

51《建设工程质量管理条例》

中华人民共和国国务院令第 279 号，《建设工程质量管理条例》已经 2000 年 1 月 10 日国务院第 25 次常务会议通过，2000 年 1 月 30 日发布，自发布之日起施行。

52.《中华人民共和国公司登记管理条例》

1994 年 6 月 24 日中华人民共和国国务院令第 156 号发布，本条例自 1994 年 7 月 1 日起施行。根据 2005 年 12 月 18 日《国务院关于修改〈中华人民共和国公司登记管理条例〉的决定》修订。

53.《娱乐场所管理条例》

中华人民共和国国务院令第 458 号，《娱乐场所管理条例》已经 2006 年 1 月 18 日国务院第 122 次常务会议通过，现予公布，自 2006 年 3 月 1 日起施行。

54.《中华人民共和国劳动合同法实施条例》

中华人民共和国国务院令第 535 号，《中华人民共和国劳动合同法实施条例》已经 2008 年 9 月 3 日国务院第 25 次常务会议通过，2008 年 9 月 18 日公布，自公布之日起施行。

55.《保安服务管理条例》

中华人民共和国国务院令第 564 号，《保安服务管理条例》已经 2009 年 9 月 28 日国务院第 82 次常务会议通过，2009 年 10 月

13 日公布，自 2010 年 1 月 1 日起施行。

56.《国务院关于解决农民工问题的若干意见》

国发［2006］5 号，国务院常务会议审议并原则通过《国务院关于解决农民工问题的若干意见》，2006 年 3 月 27 日发布。

57.《最高人民法院关于民事诉讼证据的若干规定》

法释［2001］33 号，2001 年 12 月 6 日最高人民法院审判委员会第 1201 次会议通过，《最高人民法院关于民事诉讼证据的若干规定》已于 2001 年 12 月 6 日由最高人民法院审判委员会第 1201 次会议通过。现予公布，并自 2002 年 4 月 1 日起施行。

58.《关于适用〈中华人民共和国民事诉讼法〉若干问题的意见》

法发［1992］22 号，最高人民法院印发《关于适用〈中华人民共和国民事诉讼法〉若干问题的意见》的通知经最高人民法院审判委员会第 528 次会议讨论通过；1992 年 7 月 14 日发布并实施。

59.《最高人民法院关于审理商品房买卖合同纠纷案件适用法律若干问题的解释》

法释［2003］7 号，于 2003 年 3 月 24 日由最高人民法院审判委员会第 1267 次会议通过。自 2003 年 6 月 1 日起施行。

60.《最高人民法院关于审理人身损害赔偿案件适用法律若干问题的解释》

法释［2003］20 号，于 2003 年 12 月 4 日由最高人民法院审判委员会第 1299 次会议通过。自 2004 年 5 月 1 日起施行。

61.《最高人民法院关于适用〈中华人民共和国担保法〉若干问题的解释》

法释［2000］44 号，《最高人民法院关于适用〈中华人民共和国担保法〉若干问题的解释》已于 2000 年 9 月 29 日由最高人民法院审判委员会第 1133 次会议通过，自 2000 年 12 月 13 日起施行。

62.《关于贯彻执行〈民法通则〉若干意见（试行）》

法办发［1988］6 号，最高人民法院关于贯彻执行《中华人民共和国民法通则》若干问题的意见（试行），1988 年 1 月 26 日最高人民法院审判委员会讨论通过，1988 年 4 月 2 日发布执行。

63.《最高人民法院关于审理人身损害赔偿案件的司法解释》

法释［2003］20 号，《最高人民法院关于审理人身损害赔偿案件适用法律若干问题的解释》于 2003 年 12 月 4 日由最高人民法院审判委员会第 1299 次会议通过，2004 年 5 月 1 日起实施。

64.《建设部关于修改〈城市房地产中介服务管理规定〉的决定》

中华人民共和国建设部令第 97 号，《建设部关于修改〈城市房地产中介服务管理规定〉的决定》已经 2001 年 7 月 23 日建设部第 45 次常务会议审议通过，2001 年 8 月 15 日发布，自发布之日起施行。

65.《房地产估价机构管理办法》

中华人民共和国建设部令第 142 号，《房地产估价机构管理办法》已于 2005 年 9 月 27 日经第 73 次建设部常务会议讨论通过，自 2005 年 12 月 1 日起施行。

66.《住宅室内装饰装修管理办法》

中华人民共和国建设部令第 110 号，《住宅室内装饰装修管理办法》于 2002 年 2 月 26 日经第 53 次部常务会议讨论通过，自 2002 年 5 月 1 日起施行。

67.《商品房销售管理办法》

中华人民共和国建设部令第88号,《商品房销售管理办法》已于2001年3月14日经建设部第38次部常委会议审议通过,自2001年6月1日起施行。

68.《注册房地产估价师管理办法》

中华人民共和国建设部令第151号,《注册房地产估价师管理办法》已于2006年3月7日经建设部第86次常务会议讨论通过,自2007年3月1日起施行。

69.《建设部关于修改〈城市异产毗连房屋管理规定〉的决定》

中华人民共和国建设部令第94号,《建设部关于修改〈城市异产毗连房屋管理规定〉的决定》于2001年8月15日发布并实施。

70.《城市生活垃圾管理办法》

中华人民共和国建设部令第157号,《城市生活垃圾管理办法》已于2007年4月10日经建设部第123次常务会议讨论通过,自2007年7月1日起施行。

71.《城市节约用水管理规定》

中华人民共和国建设部令第1号,《城市节约用水管理规定》1988年11月30日国务院批准,1988年12月20日发布自1989年1月1日起施行。

72.《房屋建筑工程质量保修办法》

中华人民共和国建设部令第80号,《房屋建筑工程质量保修办法》已于2000年6月26日经第24次部常务会议讨论通过,2000年6月30日发布,自发布之日起施行。

73.《房屋建筑工程抗震设防管理规定》

中华人民共和国建设部令第148号,《房屋建筑工程抗震设防管理规定》已于2005年12月31日经建设部第83次常务会议讨论通过,自2006年4月1日起施行。

74.《建设工程质量检测管理办法》

中华人民共和国建设部令第141号,《建设工程质量检测管理办法》已于2005年8月23日经第71次常务会议讨论通过,2005年9月28日发布,自2005年11月1日起施行。

75.《建设部关于修改〈城市房屋权属登记管理办法〉的决定》

中华人民共和国建设部令第99号,《建设部关于修改〈城市房屋权属登记管理办法〉的决定》已经2001年7月23日建设部第45次常务会议审议通过,2001年8月15日发布,自发布之日起施行。

76.《北京市存量房交易结算资金账户管理暂行规定》

北京市建设委员会根据建设部《城市房地产中介服务管理规定》(建设部令第97号)及建设部、中国人民银行《关于加强房地产经纪管理、规范交易结算资金账户管理有关问题的通知》(建住房〔2006〕321号)规定,制定本暂行规定。2007年3月19日发布。2007年4月15日实施。

77.《经纪人管理办法》

中华人民共和国国家工商行政管理总局令第36号发布,国家工商行政管理局于2004年8月28日重新修改颁布实施了《经纪人管理办法》。

78.《经济适用住房管理办法》

建设部、国家发展和改革委员会、监察部、财政部、国土资源部、中国人民银行、国家税务总局等七部门 2007 年 11 月 30 日联合发布《经济适用住房管理办法》。

79.《中国房地产经纪执业规则》

2006 年 10 月 31 日建设部颁布,《中国房地产经纪执业规则》于 2007 年 1 月 1 日起施行。

80.《北京市居住小区机动车停车管理办法》

北京市国土房管局出台了《北京市居住小区机动车停车管理办法》,京国土房管物〔2004〕663 号。该《办法》从 2004 年 7 月 1 日起执行。

81.《北京市燃气管理条例》

北京市人民代表大会常务委员会公告第 50 号,《北京市燃气管理条例》由北京市第十二届人民代表大会常务委员会第三十二次会议于 2006 年 11 月 3 日通过,自 2007 年 5 月 1 日起施行。

82.《国家住宅装饰装修工程施工规范》

中华人民共和国建设部、国家质量监督检验检疫总局颁布,《国家住宅装饰装修工程施工规范》于 2005 年 5 月 1 日实施。

83.《职业病诊断与鉴定管理办法》

中华人民共和国卫生部令第 24 号,《职业病诊断与鉴定管理办法》于 2002 年 3 月 15 日经卫生部部务会讨论通过,自 2002 年 5 月 1 日起施行。

84.《关于加强涉及自然保护区、风景名胜区、文物保护单位等环境敏感区影视拍摄和大型实景演艺活动管理的通知》

环发〔2007〕22 号,国家环境保护总局、建设部、文化部、国家文物局《关于加强涉及自然保护区、风景名胜区、文物保护单位等环境敏感区影视拍摄和大型实景演艺活动管理的通知》,

2007年2月7日实施。

85.《关于贯彻执行〈中华人民共和国劳动法〉若干问题的意见》

劳部发〔1995〕309号,劳动部1995年8月11日关于印发《关于贯彻执行〈中华人民共和国劳动法〉若干问题的意见》的通知。

86.《违反〈劳动法〉有关劳动合同规定的赔偿办法》

劳部发〔1995〕223号,劳动部门关于发布《违反〈劳动法〉有关劳动合同规定的赔偿办法》的通知,1995年5月10日发布并施行。

87.《关于加强北京市住宅电梯报废管理有关问题的通知》

京国土房管房字〔2001〕617号,北京市国土资源和房屋管理局、市质量技术监督局《关于加强北京市住宅电梯报废管理有关问题的通知》,2001年6月27日发布。

88.《电梯日常维护保养规则》、《电梯安装维修作业安全规范》《电梯安装、改造、重大维修和维护保养自检规则》

北京市质监局正式发布本市涉及电梯施工和日常维护保养工作安全的三项电梯强制性地方标准。《电梯日常维护保养规则》、《电梯安装维修作业安全规范》《电梯安装、改造、重大维修和维护保养自检规则》。这三项电梯强制性标准从2007年3月1日起在北京市行政区域内正式实施。

89.《城市居住区规划设计规范》

由建设部会同有关部门共同制订的《城市居住区规划设计规范》已经有关部门会审、批准。《城市居住区规划设计规范》为强制性国家标准,自1994年2月1日起施行。

90.《北京市生活居住建筑间距暂行规定》

北京市人民政府批准,《北京市生活居住建筑间距暂行规定》自 1988 年 10 月 1 日施行。该规定于 1994 年 1 月 17 日经北京市人民政府批准修订并实施。

91.《住宅共用部位共用设施设备维修基金管理办法》

建住房〔1998〕213 号,《住宅共用部位共用设施设备维修基金管理办法》自 1999 年 1 月 1 日起实施。

92.《关于延长居民住宅电梯运行时间的通知》

1996 年 6 月 14 日,北京市房屋土地管理局颁布《关于延长居民住宅楼电梯运行时间的通知》。

93.《关于修订〈北京市居住小区物业管理服务标准〉的通知》

2003 年北京市国土资源和房屋管理局下发《关于修订〈北京市居住小区物业管理服务标准〉的通知》。

94.《室内空气质量标准》

国家质量监督检验检疫总局、国家环保总局、卫生部制定《室内空气质量标准》,于 2003 年 3 月 1 日实施。

95.《北京市养犬管理规定》

北京市十二届人大常委会第六次会议 2003 年 9 月 5 日通过《北京市养犬管理规定》,自 2003 年 10 月 15 日起施行。

96.《北京市市容环境卫生条例》

《北京市人民代表大会常务委员会关于修改〈北京市市容环境卫生条例〉的决定》已经北京市第十二届人大常委会第三十三次会议审议通过,并于 2006 年 12 月 8 日公布实施。

97.《北京市城市绿化条例》

1990年4月21日北京市第九届人民代表大会常务委员会第十九次会议通过并实施,1997年4月16日北京市第十届人民代表大会常务委员会第三十六次会议通过《关于修改〈北京市城市绿化条例〉的决定》,自1997年6月1日起施行。

98.《北京市户外广告设置管理办法》

北京市人民政府令第151号,《北京市户外广告设置管理办法》经2004年6月22日市人民政府第27次常务会议通过,自2004年10月1日起施行。

99.《上海市住宅物业管理规定》

上海市人民代表大会常务委员会公告第40号,《上海市住宅物业管理规定》由上海市第十二届人民代表大会常务委员会第十四次会议于2004年8月19日通过,自2004年11月1日起施行。

100.《北京市实施〈中华人民共和国大气污染防治法〉办法》

北京市人民代表大会常务委员会公告第26号,《北京市实施〈中华人民共和国大气污染防治法〉办法》由北京市第十一届人民代表大会常务委员会第二十三次会议于2000年12月8日通过,自2001年1月1日起施行。

101.《住宅共用部位共用设施设备维修基金管理办法》

建住房〔1998〕第213号文,《住宅共用部位共用设施设备维修基金管理办法》由建设部、财政部1998年12月16日颁发,自1999年1月1日起开始实行。

102.《北京市建设工程规划监督若干规定》

北京市人民政府令第86号,《北京市建设工程规划监督若干规定》已经2001年10月9日市人民政府第38次常务会议通过,自 2002 年 1 月 1 日起施行。

103.《北京市城市绿化条例》

《北京市城市绿化条例》1990 年 4 月 21 日北京市第九届人民代表大会常务委员会第十九次会议通过；根据 1997 年 4 月 16 日北京市第十届人民代表大会常务委员会第三十六次会议《关于修改〈北京市城市绿化条例〉的决定》修正，自 1997 年 6 月 1 日起施行。

104.《〈北京市城市绿化条例〉罚款处罚办法》

1990 年 6 月 20 日北京市人民政府第 19 号令发布，根据 1997 年 12 月 31 日北京市人民政府第 12 号令第一次修改；根据 2002 年 5 月 20 日北京市人民政府第 95 号令第二次修改，2002 年 7 月 1 日实施。

105.《北京市住宅锅炉供暖管理规定》

北京市人民政府令 2004 年第 150 号，《北京市住宅锅炉供暖管理规定》，2004 年 6 月 1 日发布，2004 年 7 月 1 日实施。

106.《北京市建设工程规划监督若干规定》

北京市人民政府令第 86 号，《北京市建设工程规划监督若干规定》已经 2001 年 10 月 9 日市人民政府第 38 次常务会议通过，自 2002 年 1 月 1 日起施行。根据 2007 年 11 月 23 日北京市人民政府第 200 号令修改。

107.《关于加强住宅装饰装修活动中擅自变动建筑主体和承重结构违法行为监督执法的通知》

北京市住房和城乡建设委员会、北京市公安局联合发布《关于加强住宅装饰装修活动中擅自变动建筑主体和承重结构违法行为监督执法的通知》，通知于 2010 年 1 月 1 日起实施。

108.《北京市燃气管理条例》

2006年11月3日北京市第十二届人民代表大会常务委员会第三十二次会议通过,本条例自2007年5月1日起施行。

109.《北京市物业管理办法》

北京市人民政府令第219号,《北京市物业管理办法》已经2010年4月6日市人民政府第64次常务会议审议通过,2010年4月20日公布,自2010年10月1日起施行。

110.《北京市居住小区机动车停车管理办法》

京国土房管物〔2004〕663号,北京市国土资源和房屋管理局根据国务院《物业管理条例》和北京市停车管理有关规定,制定了《北京市居住小区机动车停车管理办法》,自2004年6月16日施行。